おんぷはともだち

ちびっこワーク・ブック 3

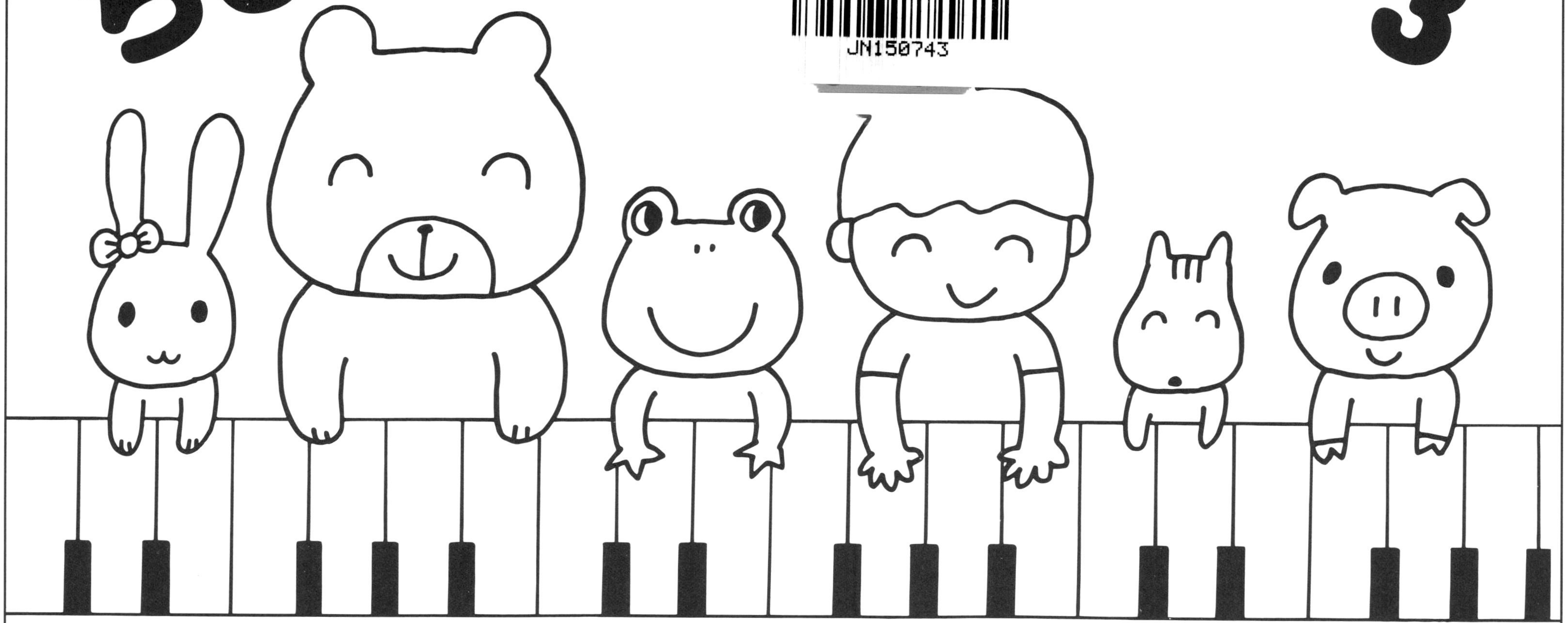

遠藤 蓉子・著
サーベル社

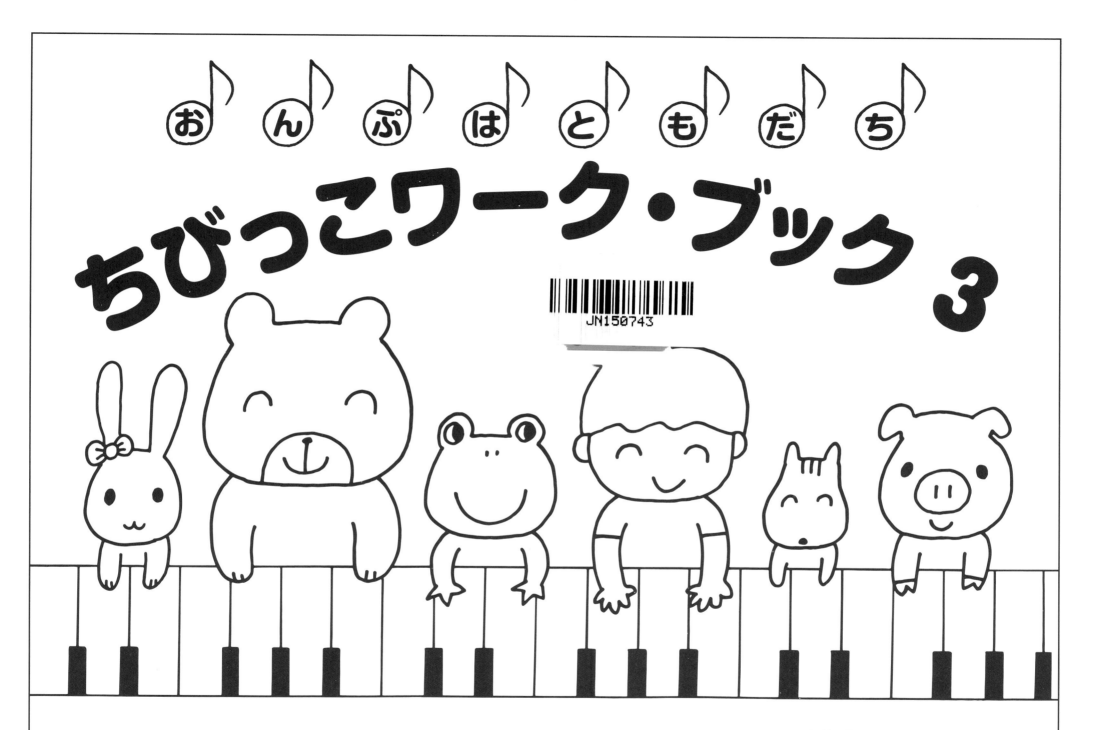

はじめに

本書は、サーベル社より既刊の「ちびっこピアノ」に対応する形で作られたワーク・ブックです。二巻までで卜音記号のドレミファソは習っているのですが、この三巻では二本線から五線の普通の音符に変換するのが大きなテーマです。

やり方は二巻までと同じく左ページで音符の色ぬり、右ページでお楽しみのページとなっています。左ページでは、色音符から四分音符と二分音符の理解へと進んでいきます。小さい子にとってはいろいろなことを覚えるのは大変なことですが、楽しい気持ちで取り組めるように工夫されています。

「ちびっこピアノ」では子供の負担を考慮して色音符を使っていますが、三巻からはリズムのとおりに弾く練習に入っていきます。そのため四分音符の色音符と二分音符の色音符の表記法が異なっており、本書ではそれに合わせたトレーニングとなっています。「ちびっこピアノ」をより有意義に活用するためにぜひ本書を併用されることをお薦めします。

とても小さい子でも使えるシリーズとしてこの「ちびっこ」シリーズが作られました。初めてピアノに触れる時に楽しい気持ちで進んでいけることは、末永く子供の気持ちに持続する大切な経験となります。本書が、小さい子のレッスンにおいてお役に立ちますことを願っています。

2019年9月

遠藤蓉子

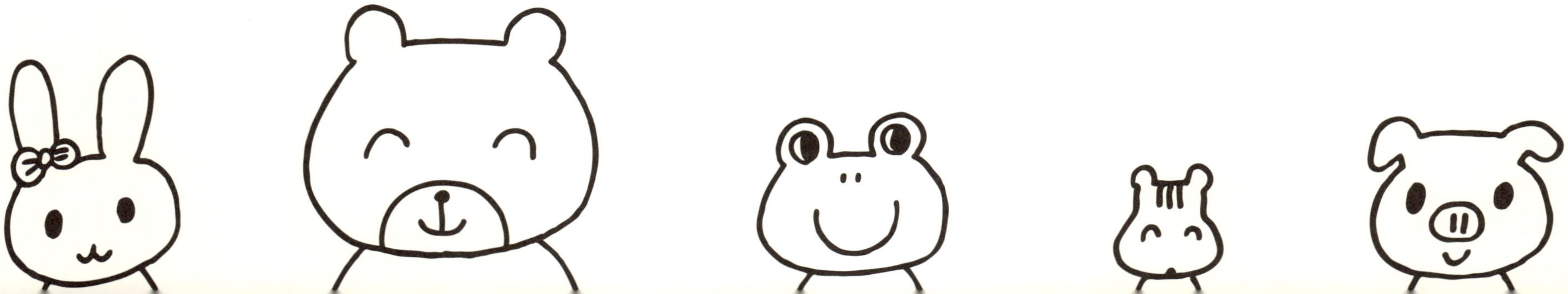

もくじ

どれみのおけいこ……4
♩と𝅗𝅥……5
ことばのリズム……7
くだもののジュース……9
どれみふぁのおけいこ……10
ことばのリズム……13
とおんきごうのみち……15
おんぷとやさい……17
くだもののジュース……19
おんぷとキャンディ……21
ふうせんとこぶた……23
どれみふぁそのおけいこ……24
ことばのリズム……27
おんぷとキャンディ……29
おんぷのソフトクリーム……31
ジュースとコップ……33
おんぷとキャンディ……35
ふうせんとうさぎ……37
みちしるべのおかいもの……39
おさらとおだんご……41
ことばのリズム……43
パンとジャム……45
おんぷのさかなつり……47
おんぷのボーリング……49
くるまといえ……51
さいふとおかね……53
はちみつとくま……55

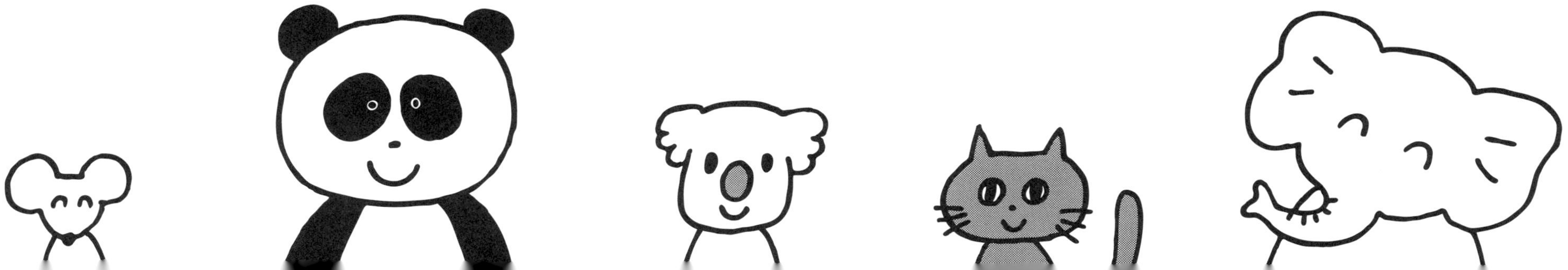

おんぷにいろをぬりましょう（ど—あか　れ—きいろ　み—みどり）

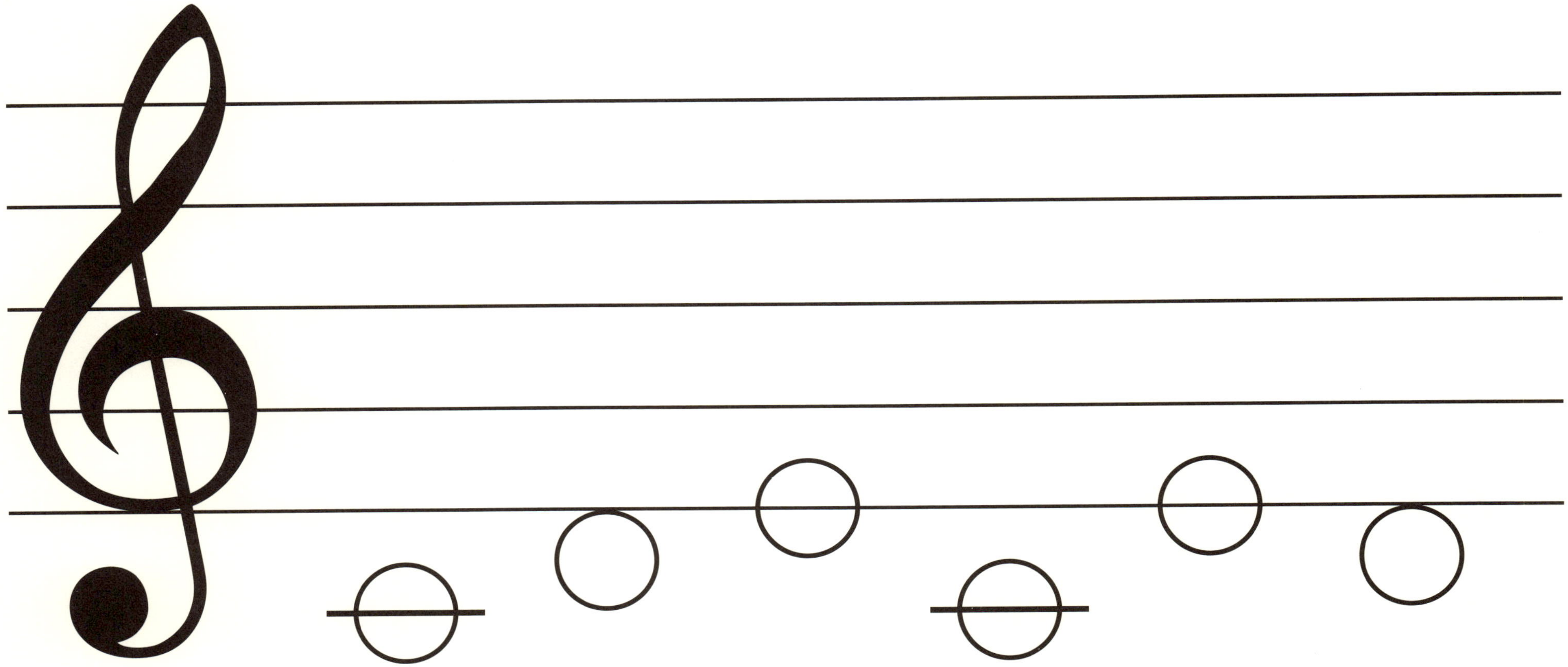

おんぷとどんぐりをせんでむすびましょう

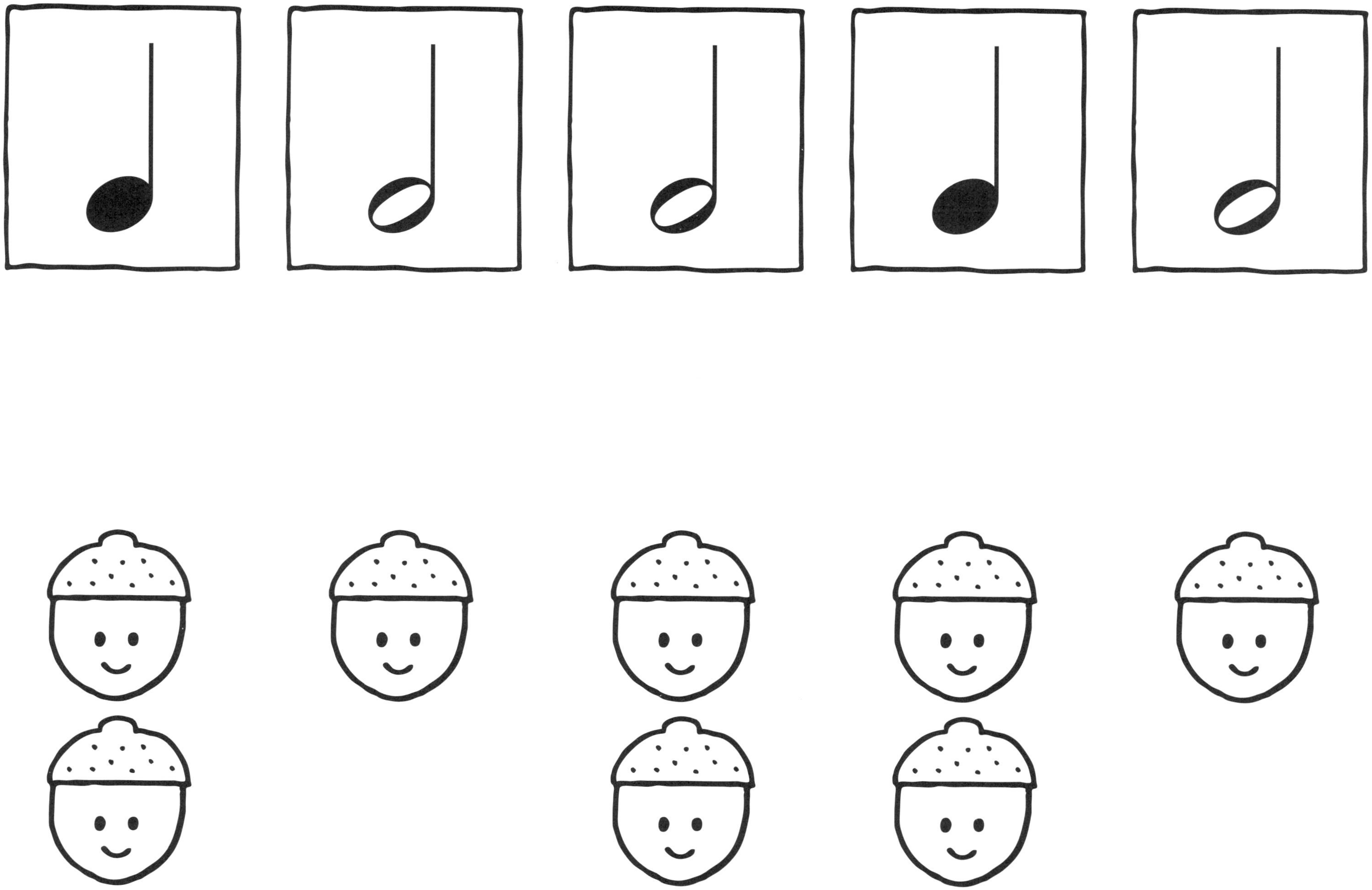

おんぷにいろをぬりましょう（ど―あか　れ―きいろ　み―みどり）

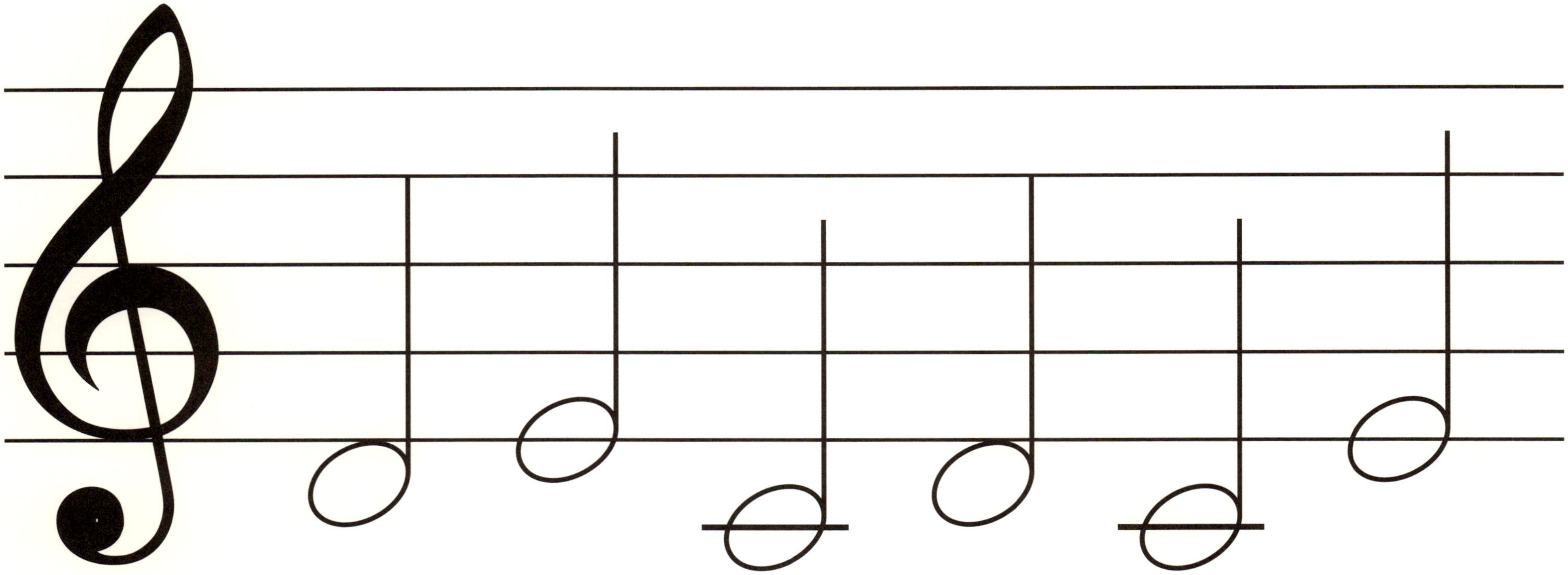

ことばのリズムをせんでむすびましょう（ギター　ぼーし　はさみ）

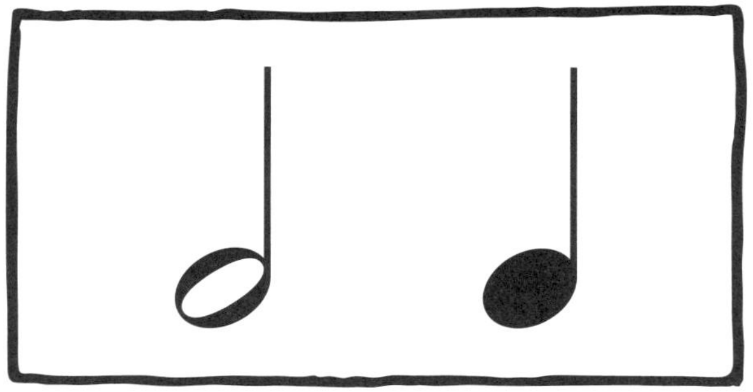

おんぷにいろをぬりましょう（ど―あか　れ―きいろ　み―みどり）

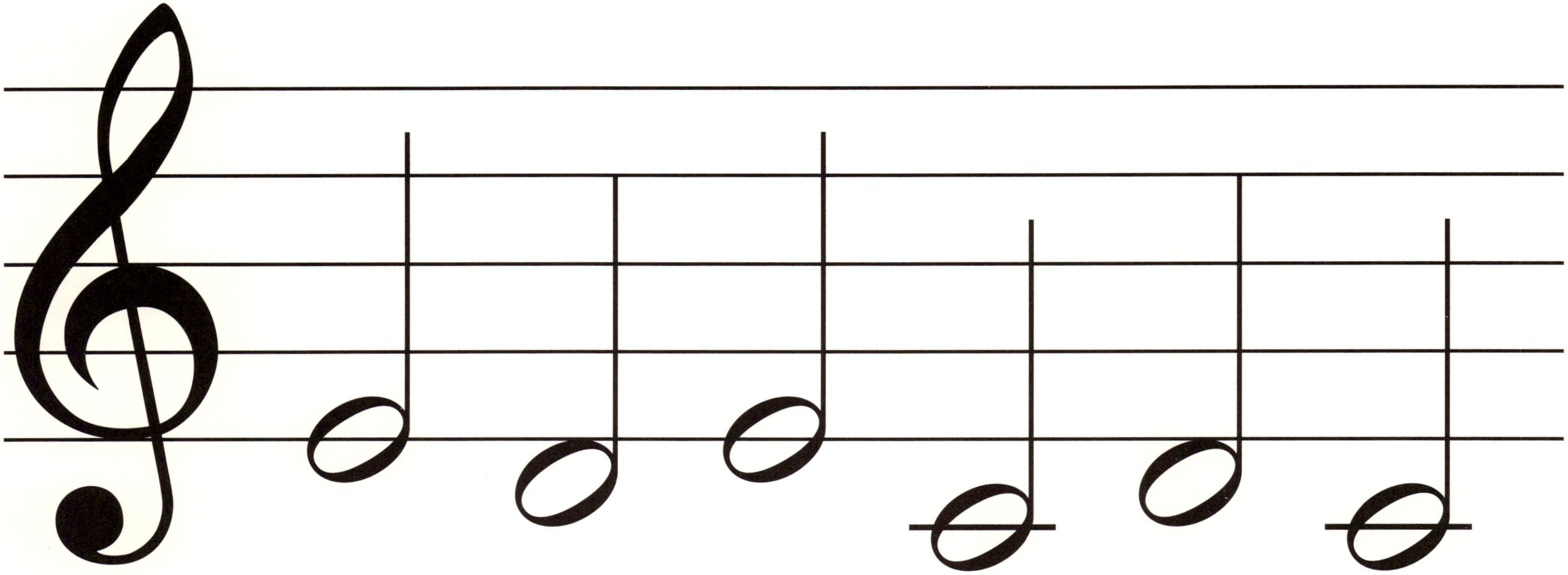

くだものとジュースのびんをせんでむすびましょう

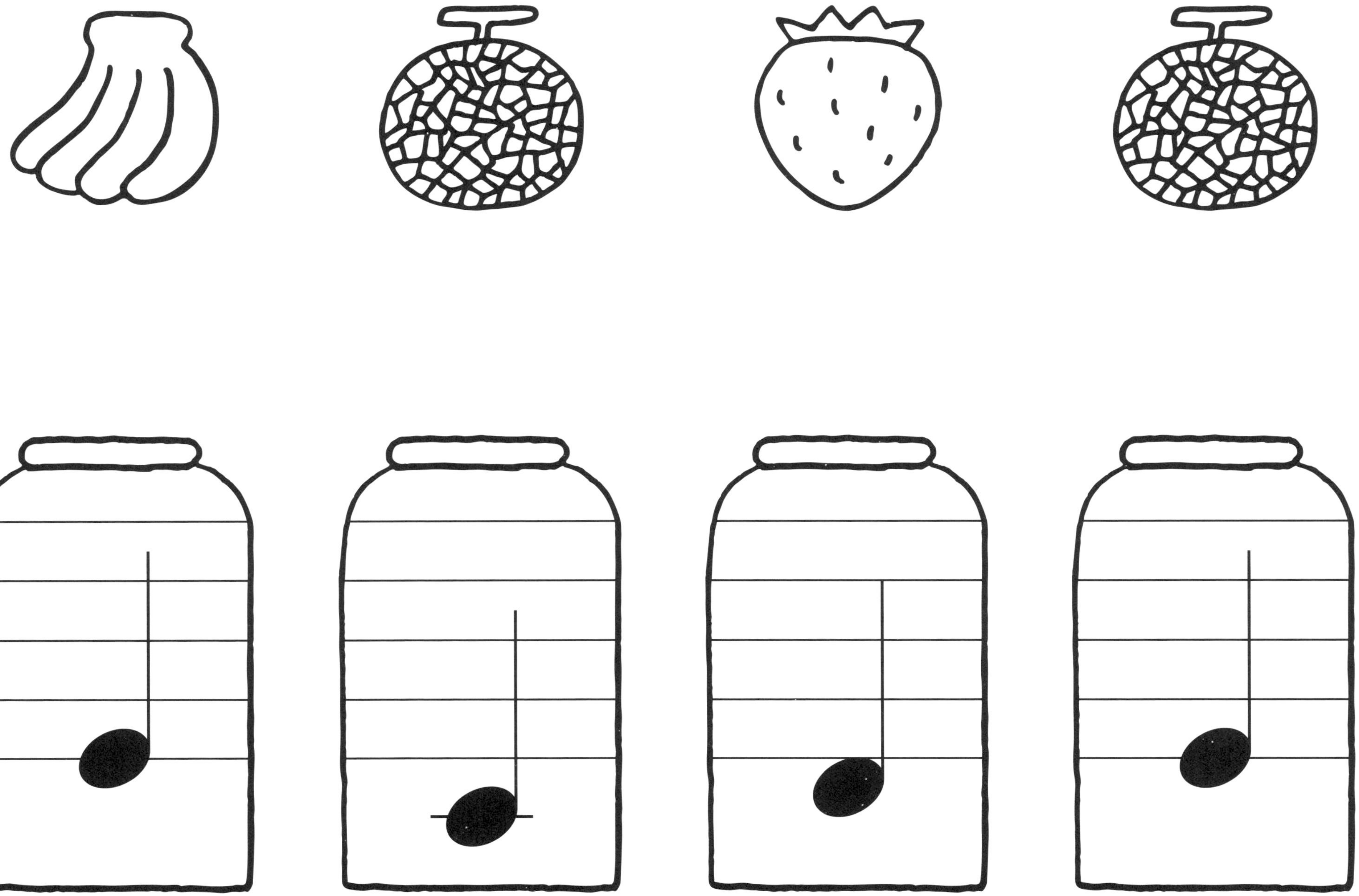

おんぷにいろをぬりましょう（ど—あか　れ—きいろ　み—みどり　ふぁ—おれんじ）

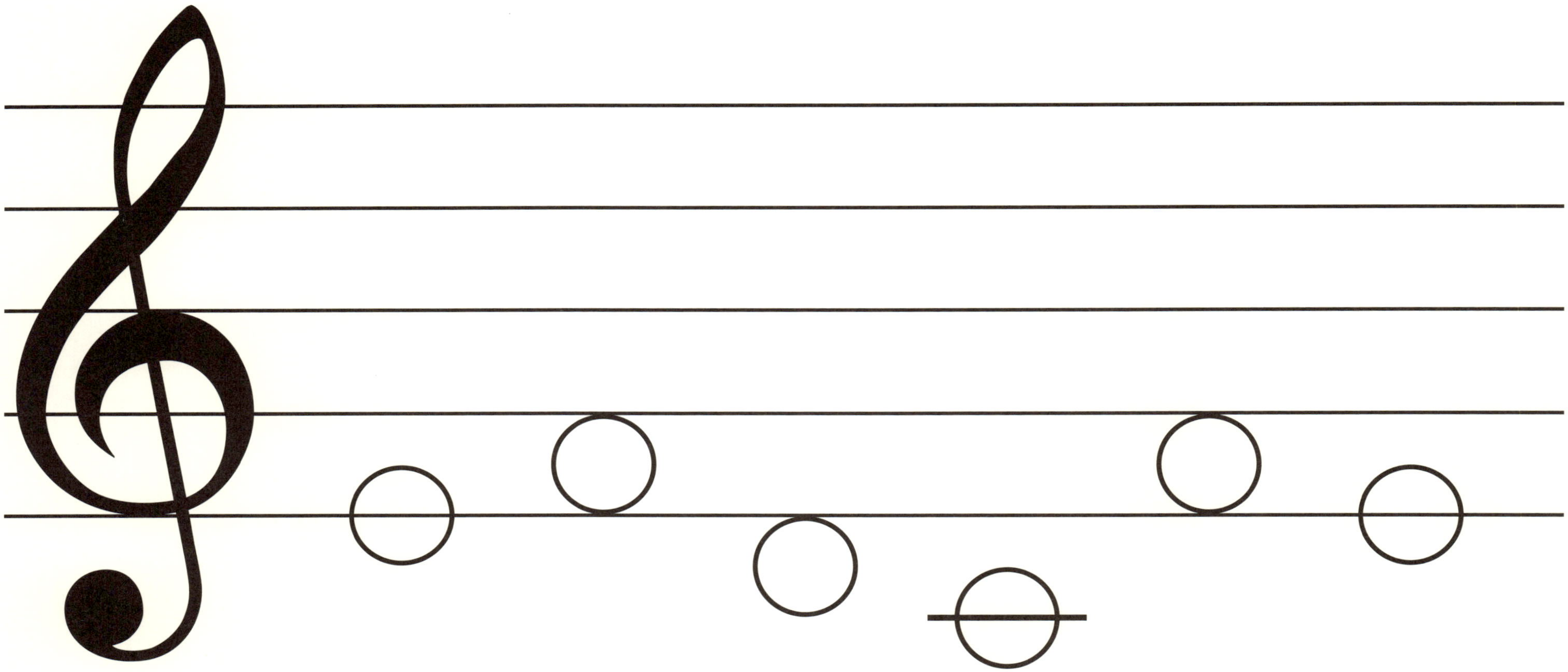

おんぷとケーキをせんでむすびましょう

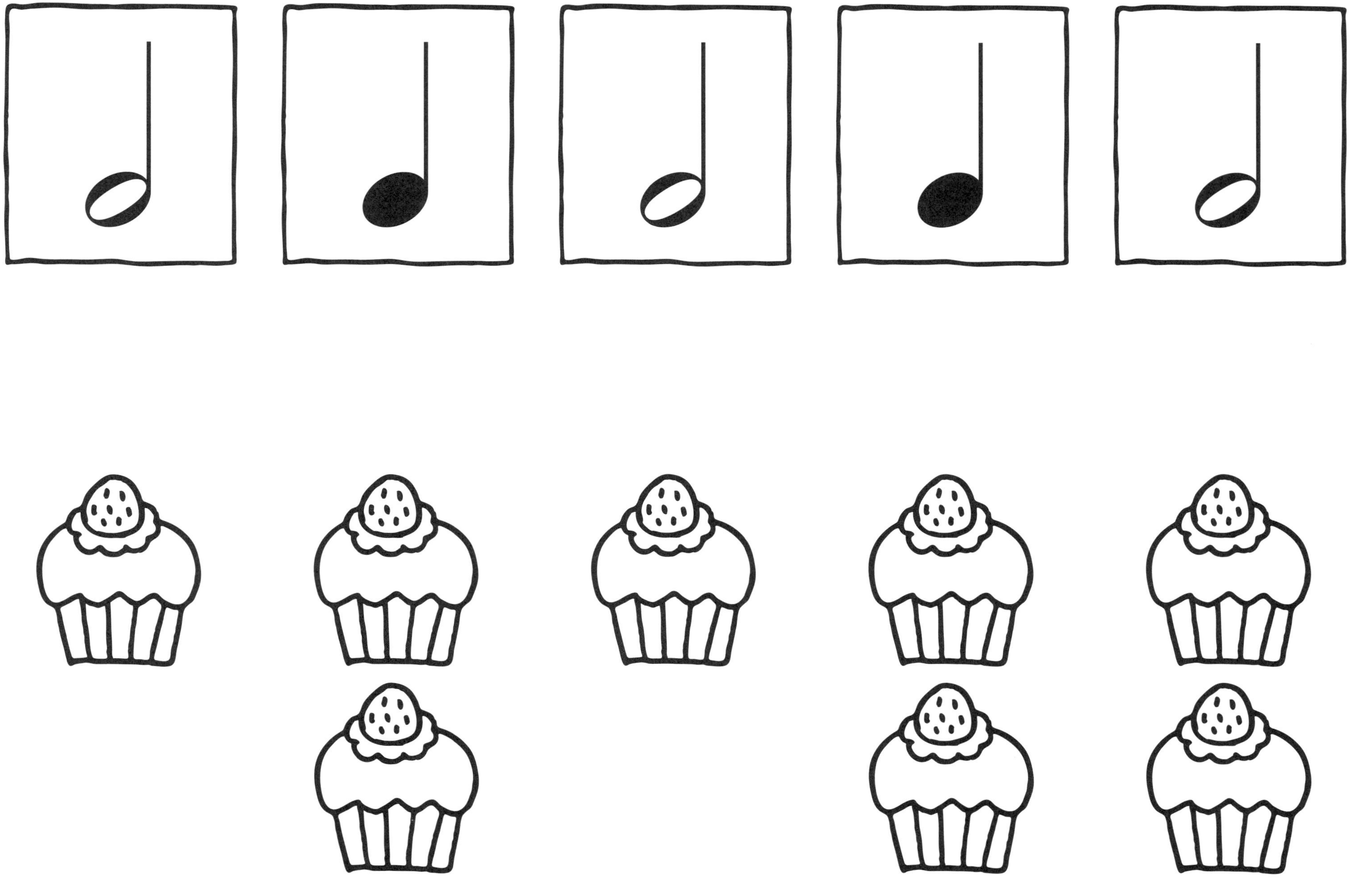

おんぷにいろをぬりましょう（ど—あか　れ—きいろ　み—みどり　ふぁ—おれんじ）

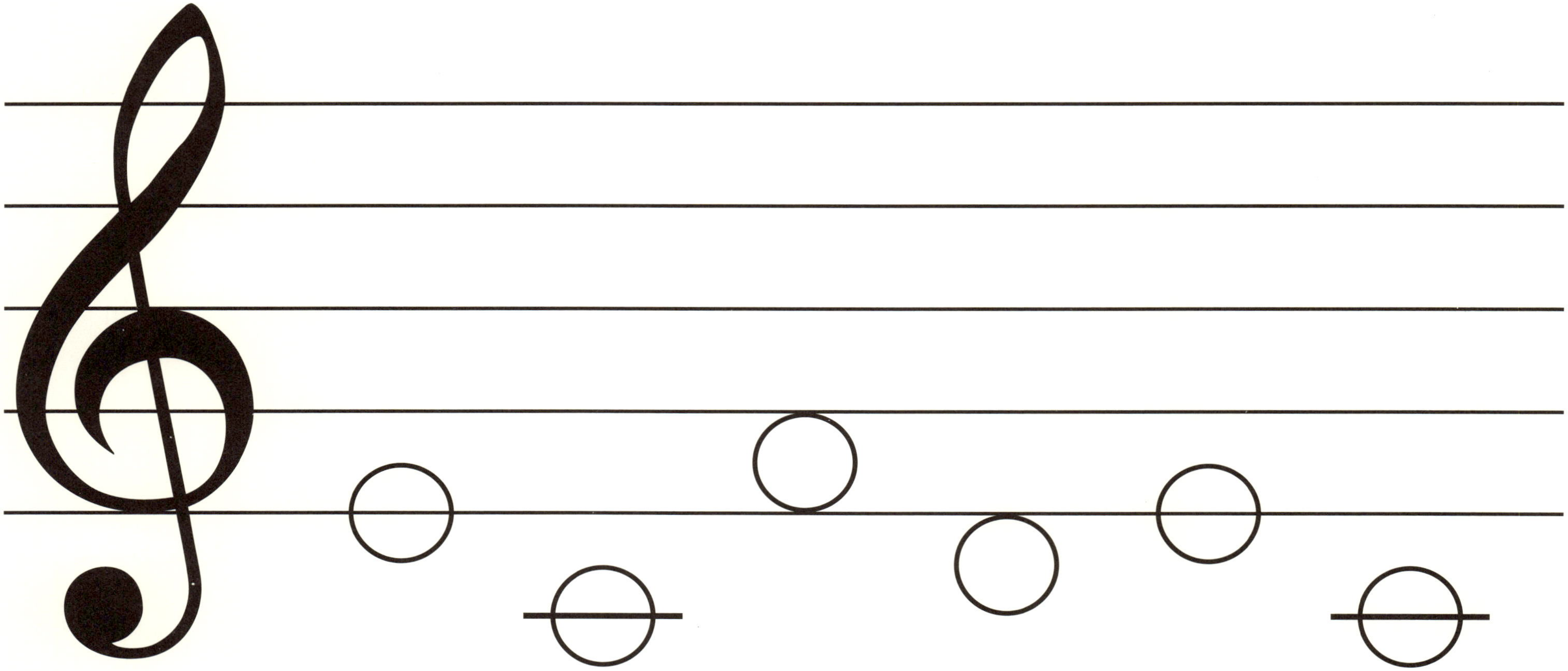

ことばのリズムをせんでむすびましょう（ジュース　ごはん　ラーメン）

おんぷにいろをぬりましょう（ど—あか　れ—きいろ　み—みどり　ふぁ—おれんじ）

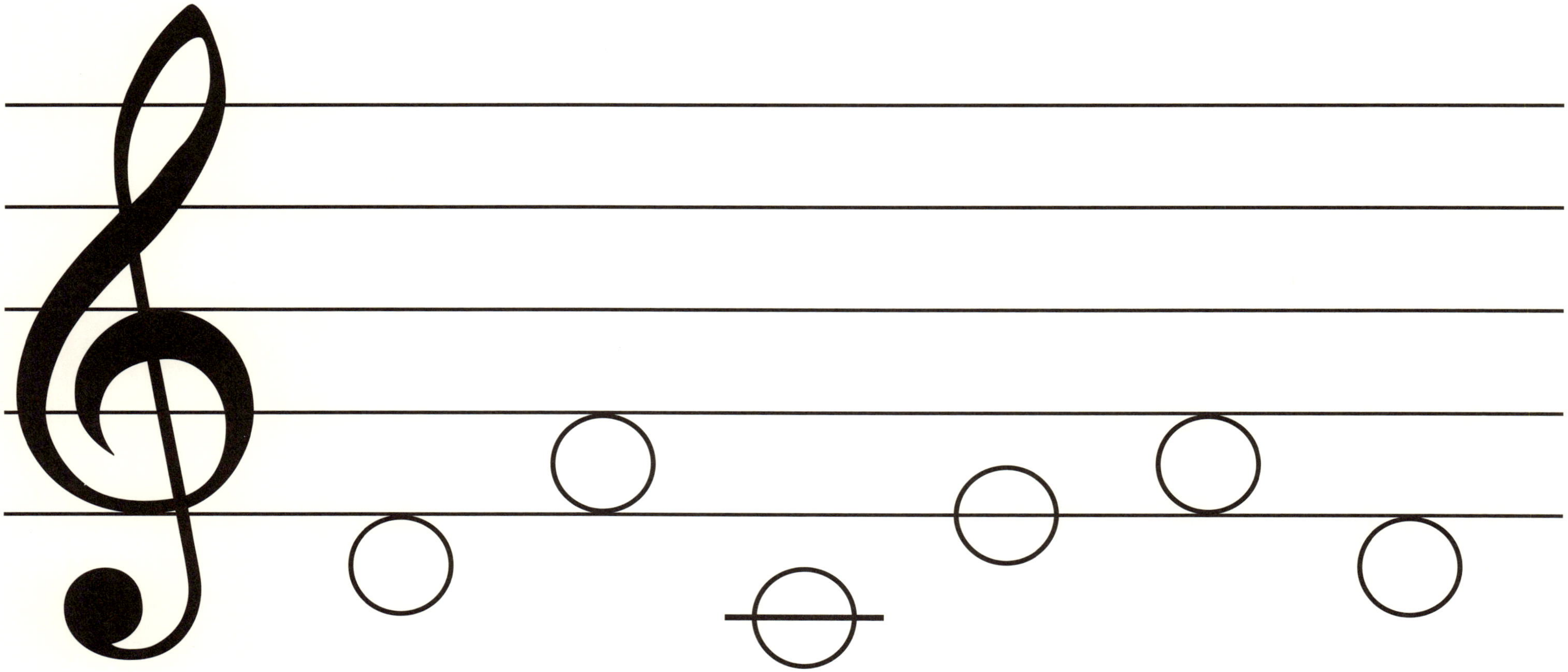

とおんきごうのみちをとおりましょう

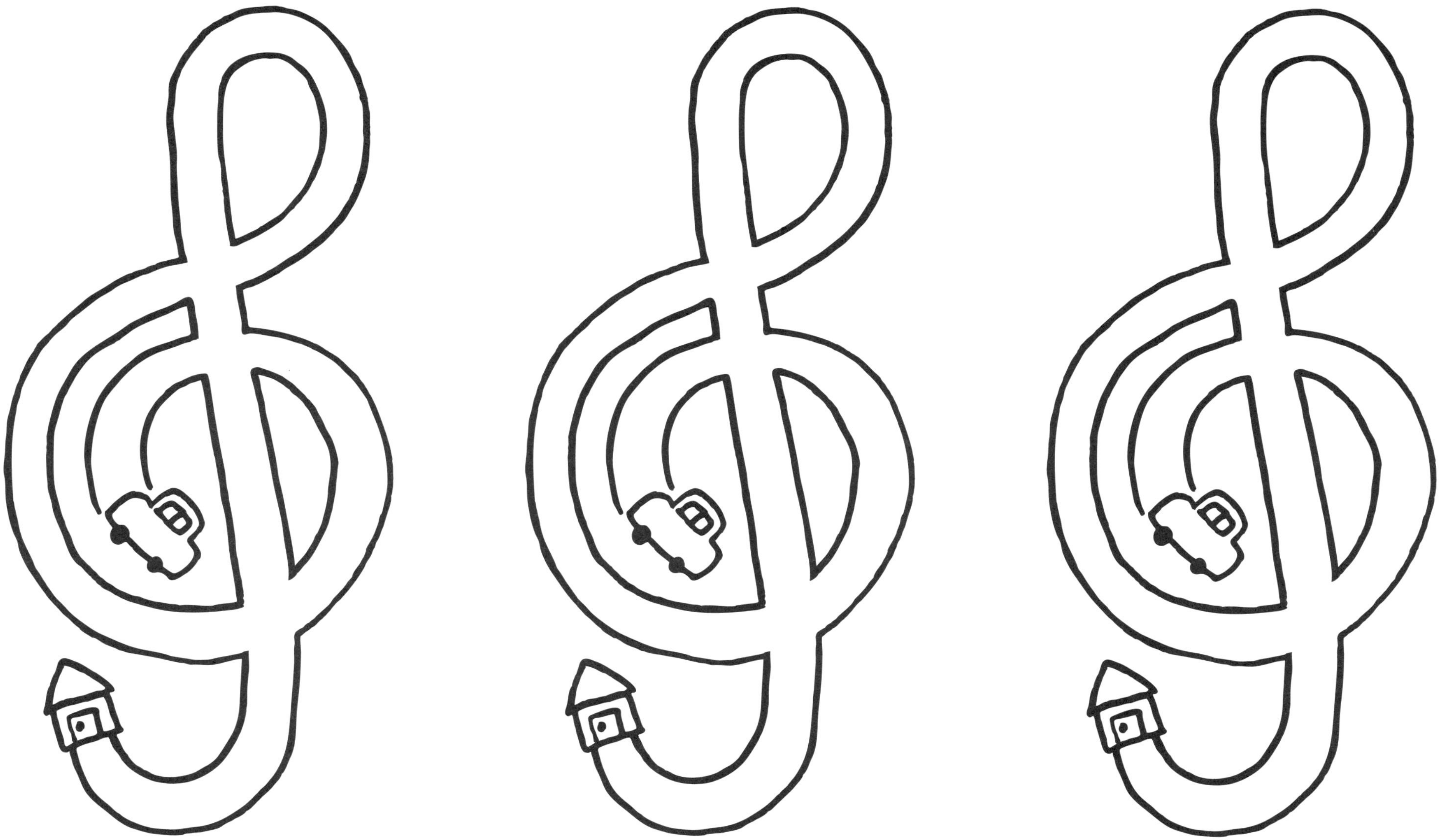

おんぷにいろをぬりましょう（ど―あか　れ―きいろ　み―みどり　ふぁ―おれんじ）

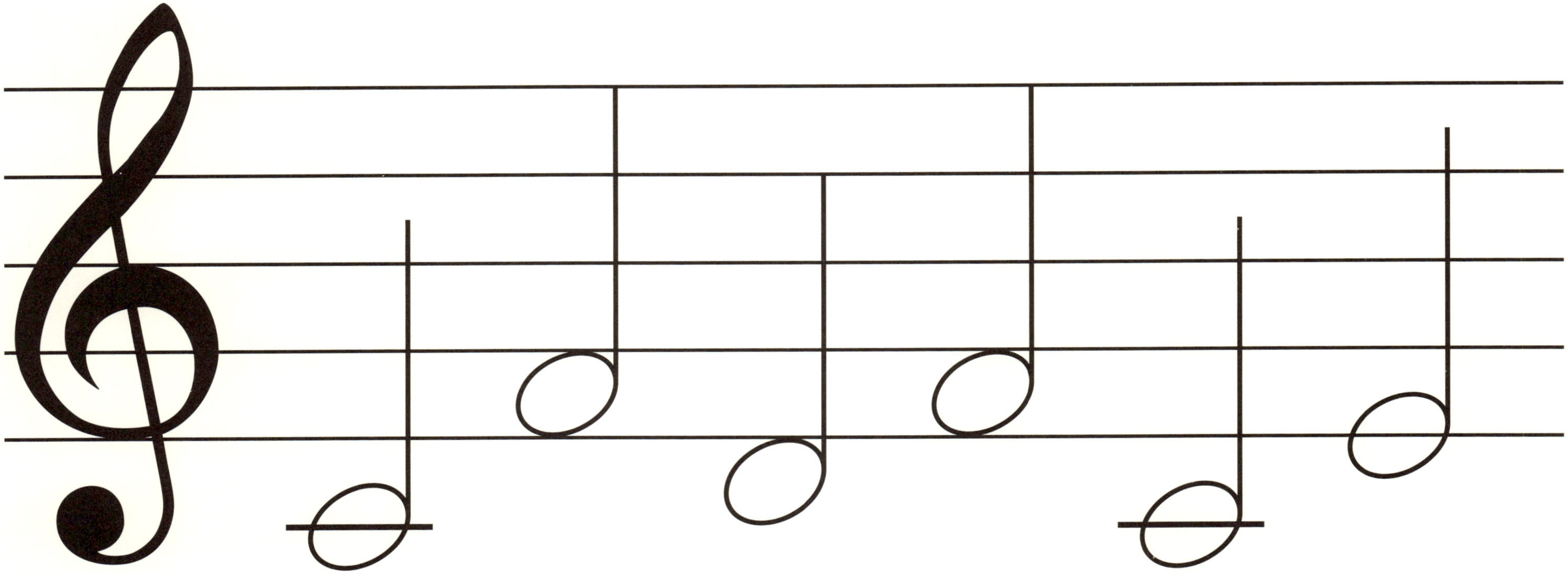

おんぷのバスケットとやさいをせんでむすびましょう

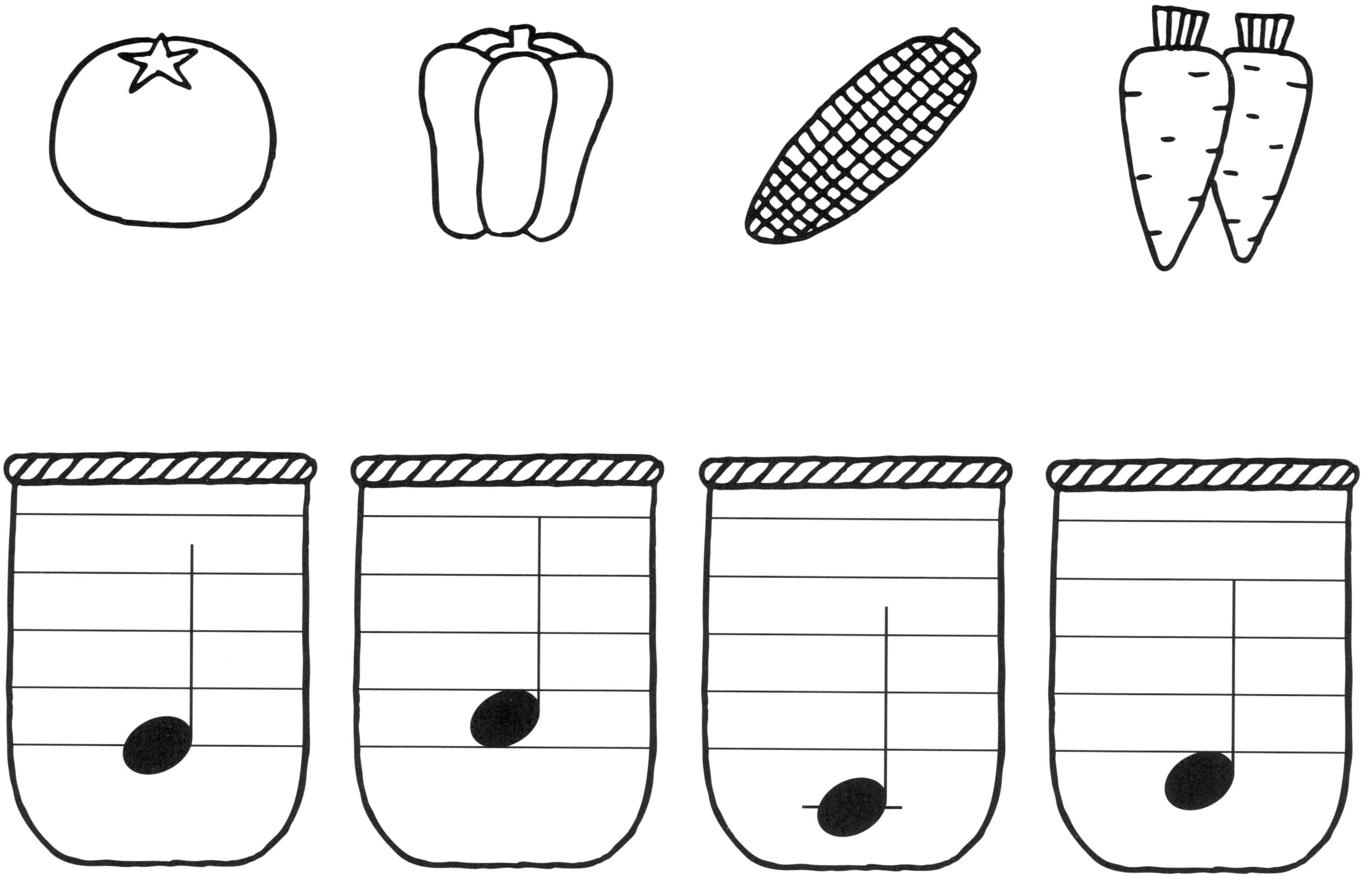

おんぷにいろをぬりましょう（ど―あか　れ―きいろ　み―みどり　ふぁ―おれんじ）

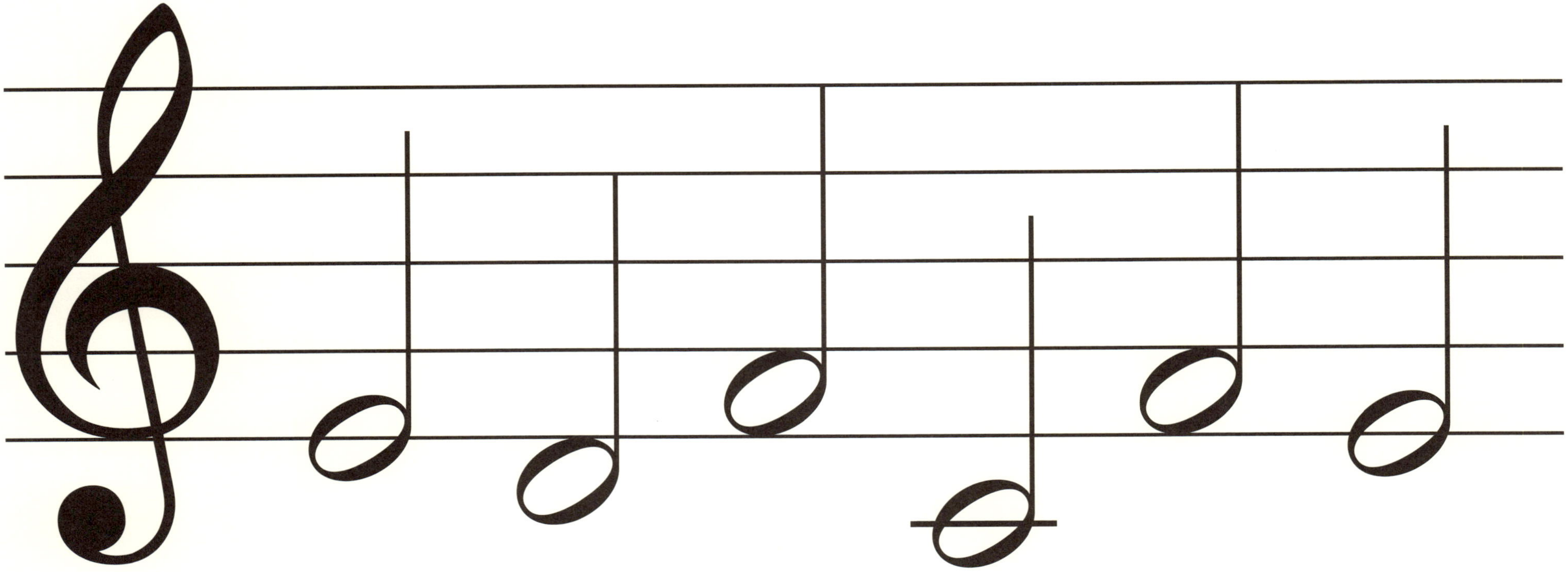

くだものとジュースのびんをせんでむすびましょう

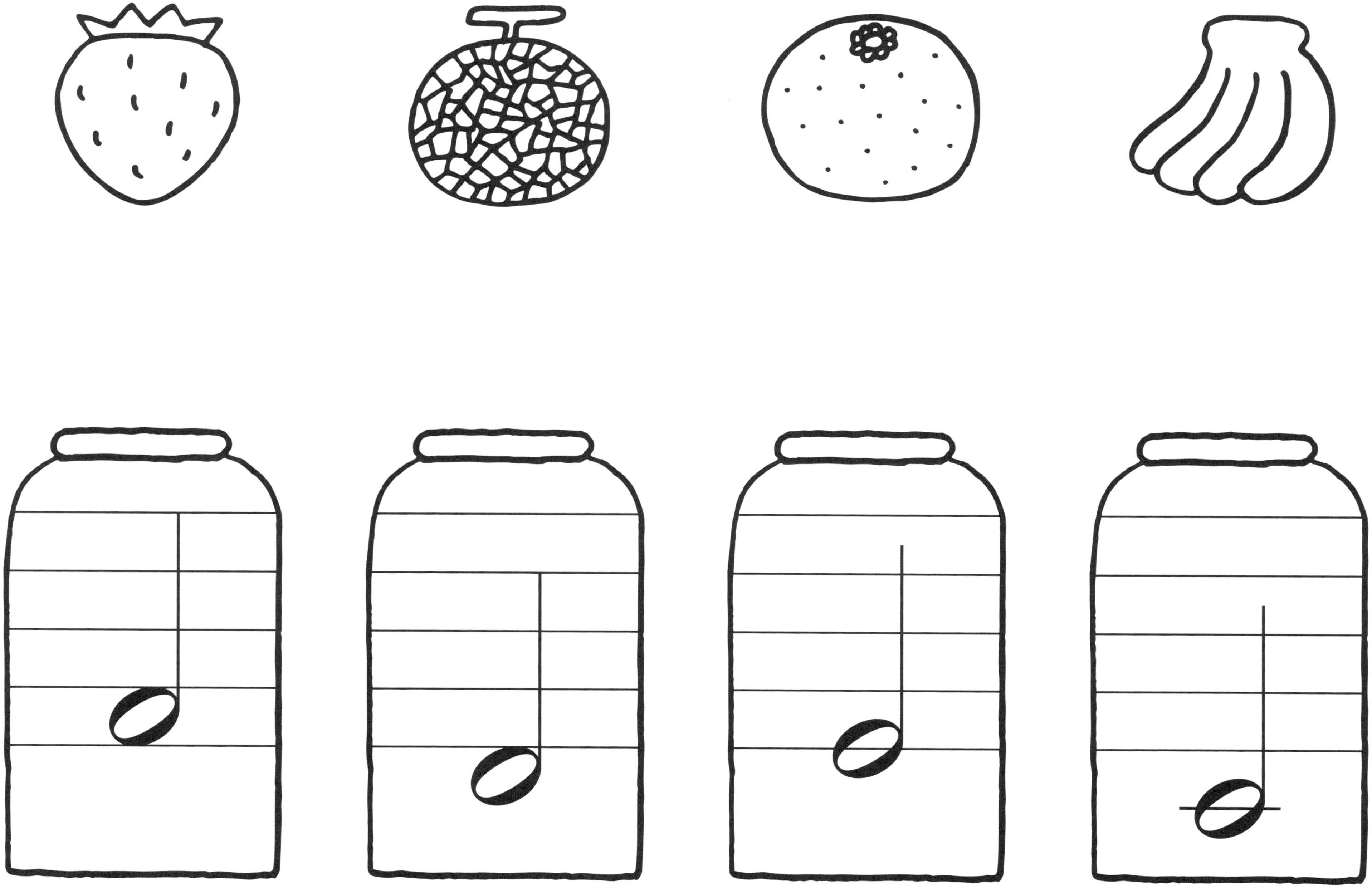

おんぷにいろをぬりましょう（ど—あか　れ—きいろ　み—みどり　ふぁ—おれんじ）

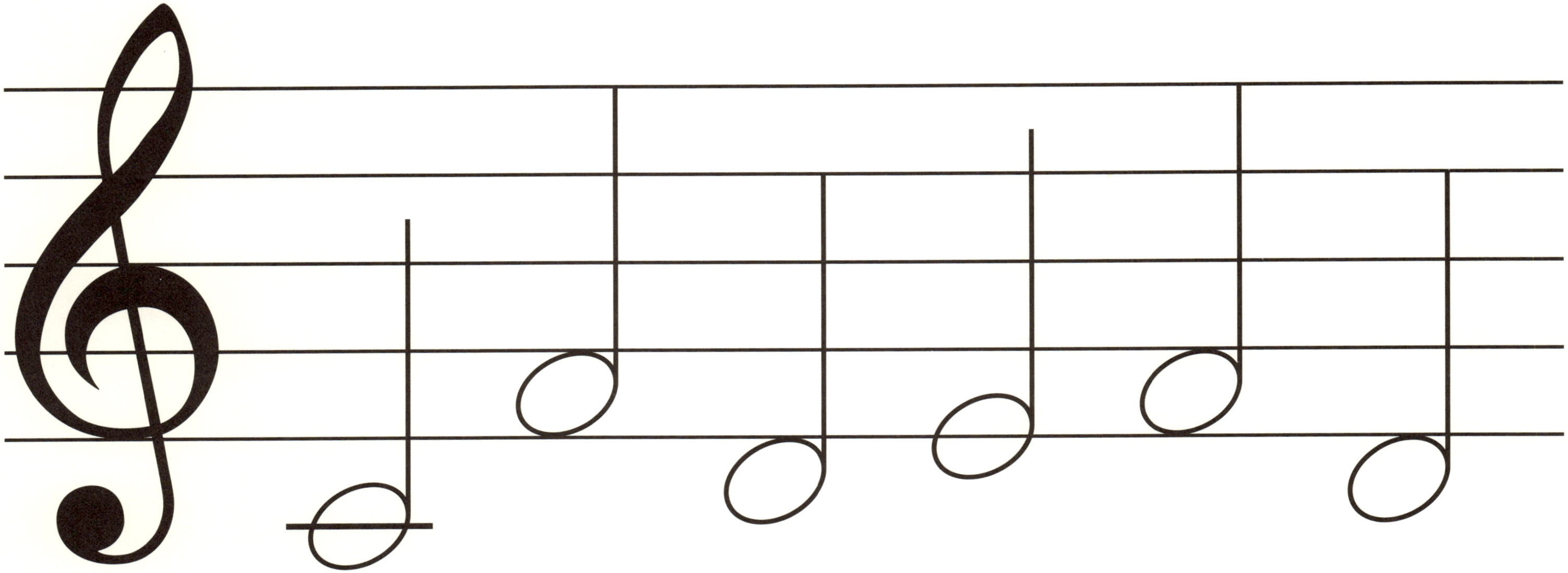

キャンディとバスケットをせんでむすびましょう

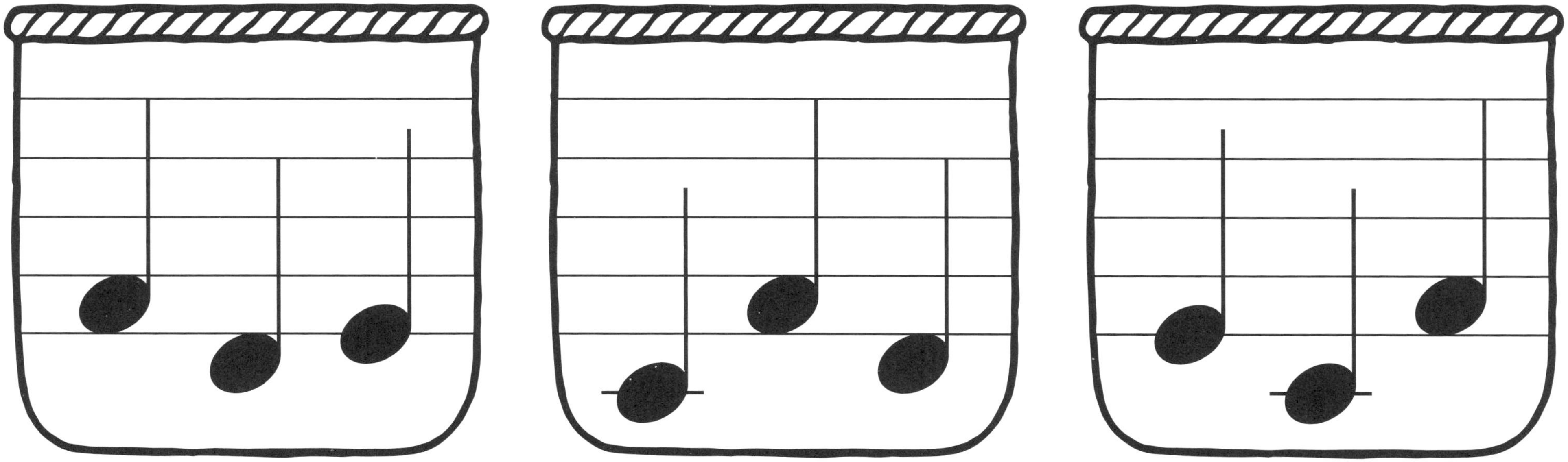

おんぷにいろをぬりましょう（ど—あか　れ—きいろ　み—みどり　ふぁ—おれんじ）

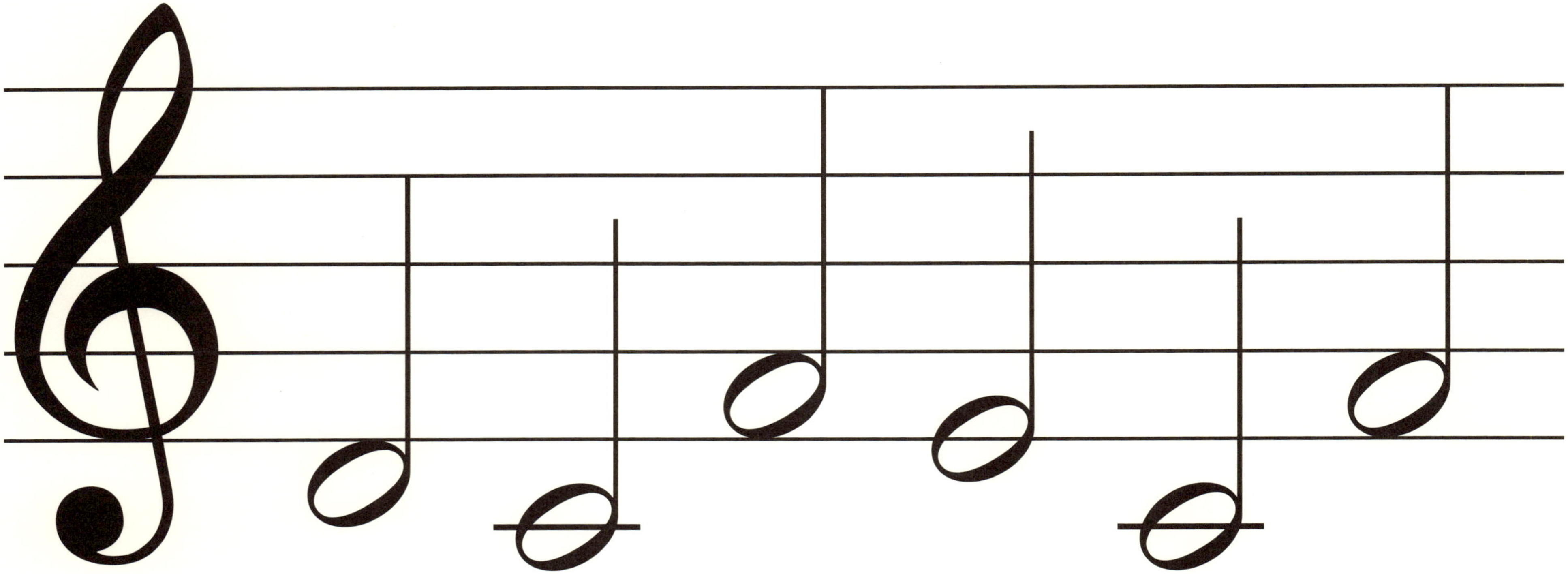

ふうせんとこぶたをせんでむすびましょう

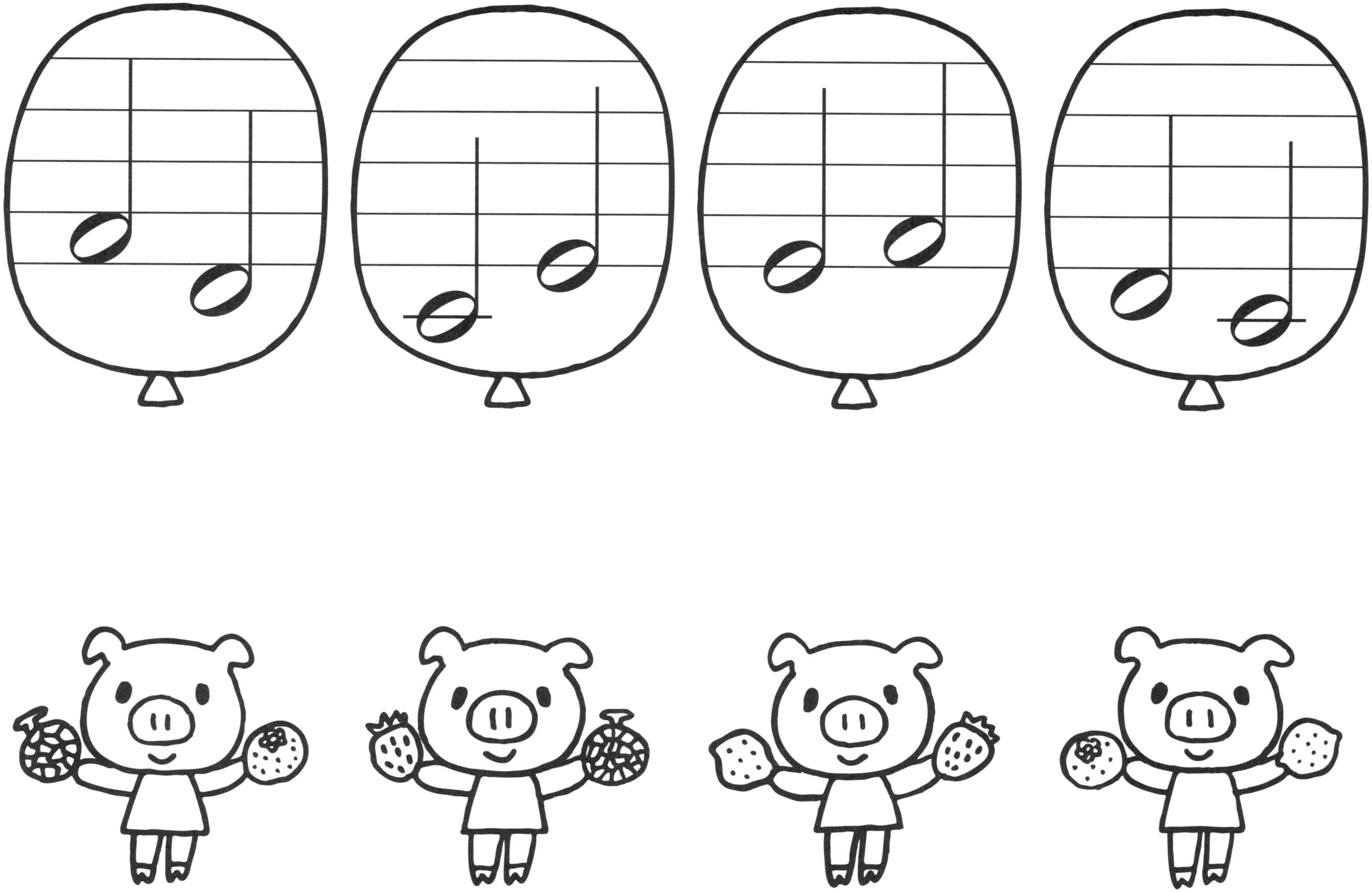

おんぷにいろをぬりましょう（ど—あか　れ—きいろ　み—みどり　ふぁ—おれんじ　そ—あお）

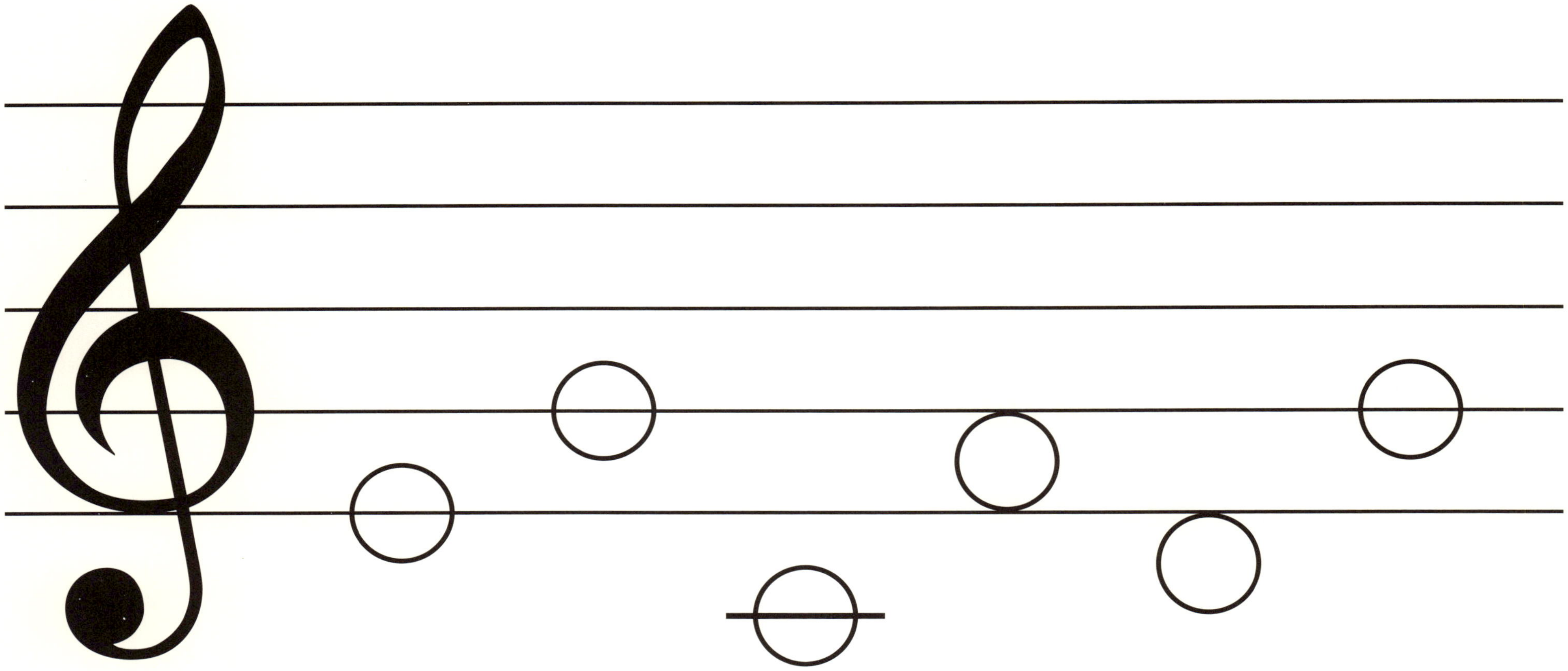

おんぷとおにぎりをせんでむすびましょう

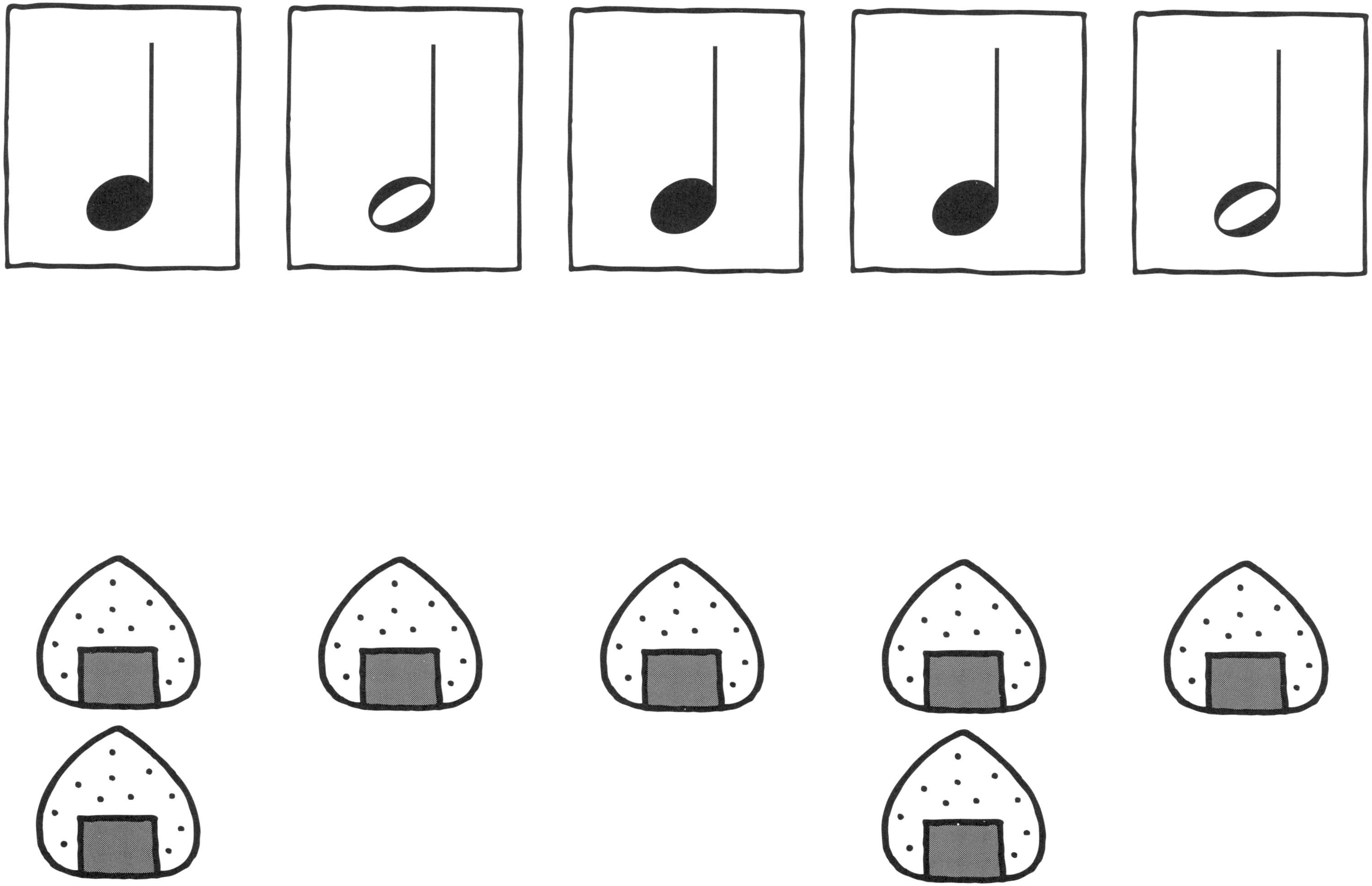

おんぷにいろをぬりましょう（ど—あか　れ—きいろ　み—みどり　ふぁ—おれんじ　そ—あお）

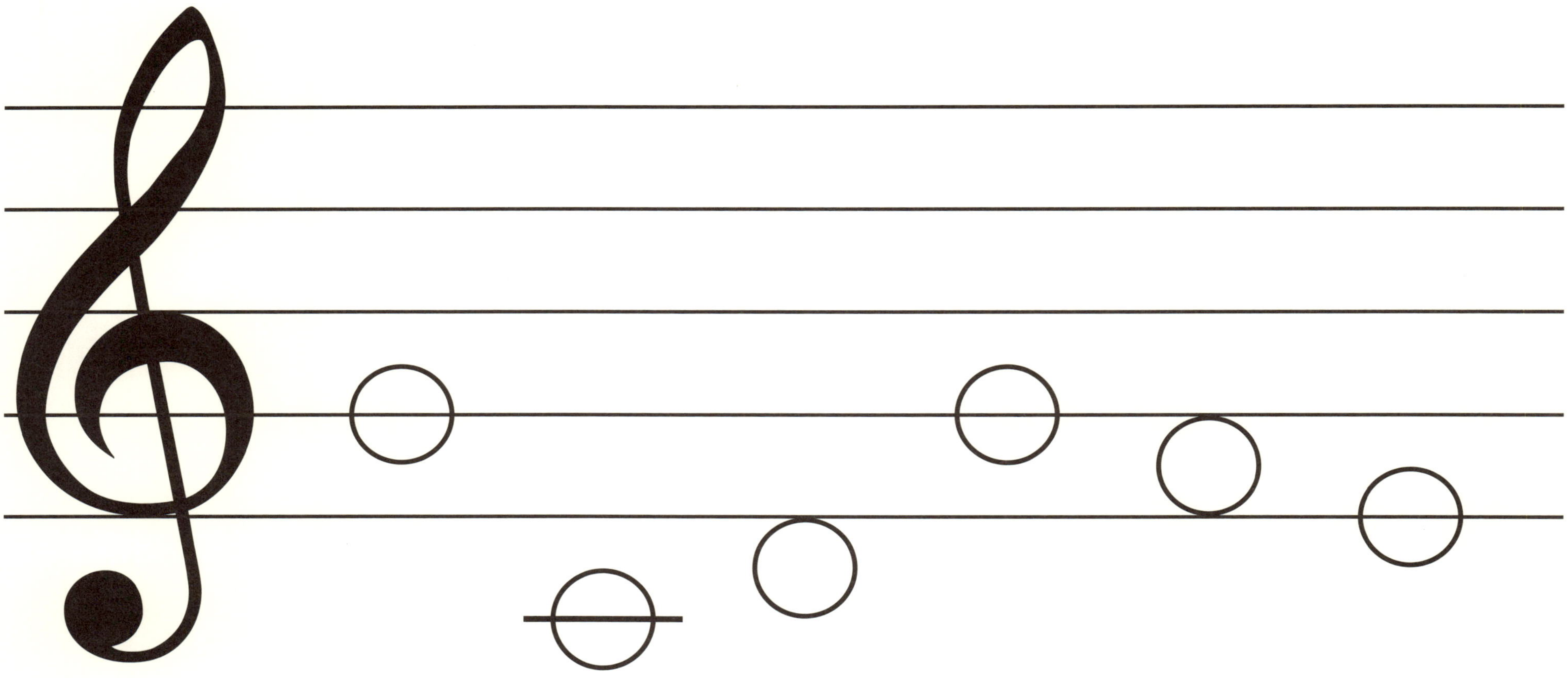

ことばのリズムをせんでむすびましょう（りんご　スカート　ボール）

おんぷにいろをぬりましょう（ど—あか　れ—きいろ　み—みどり　ふぁ—おれんじ　そ—あお）

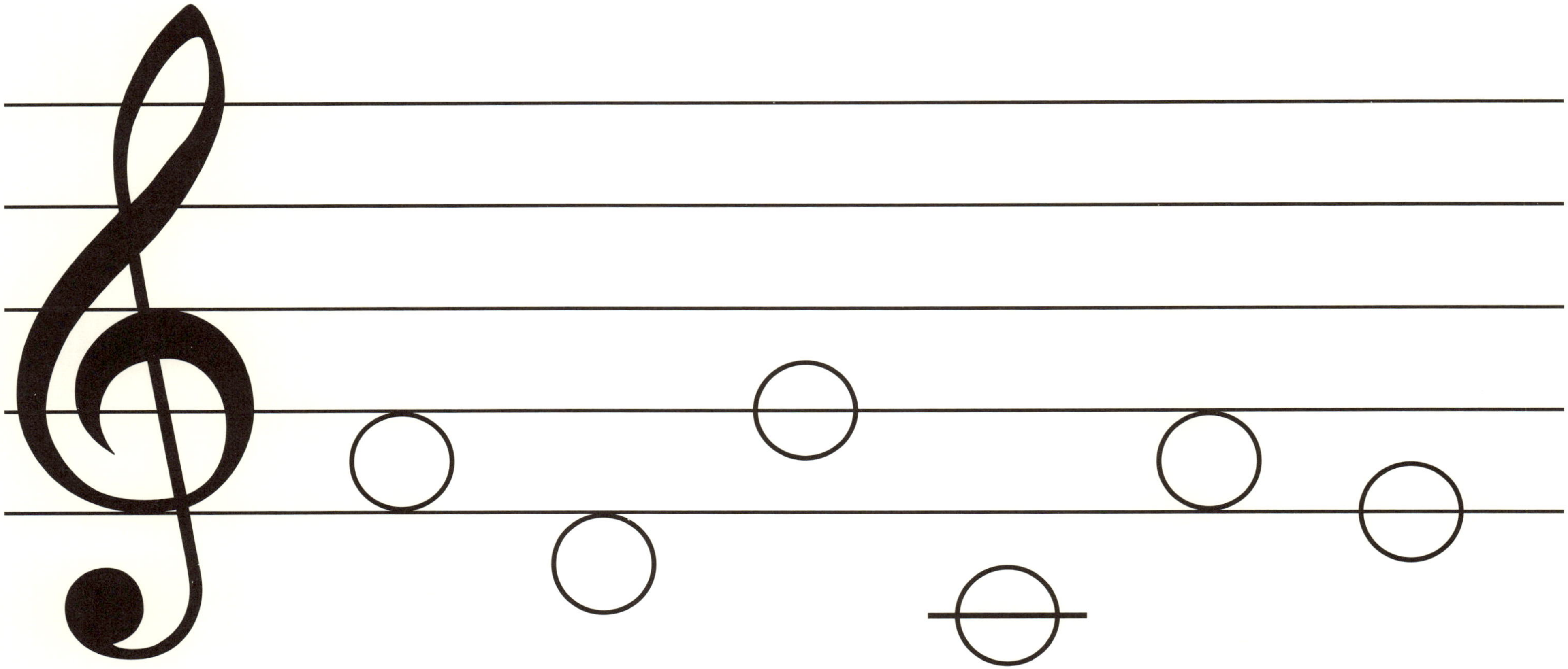

おんぷとキャンディをせんでむすびましょう

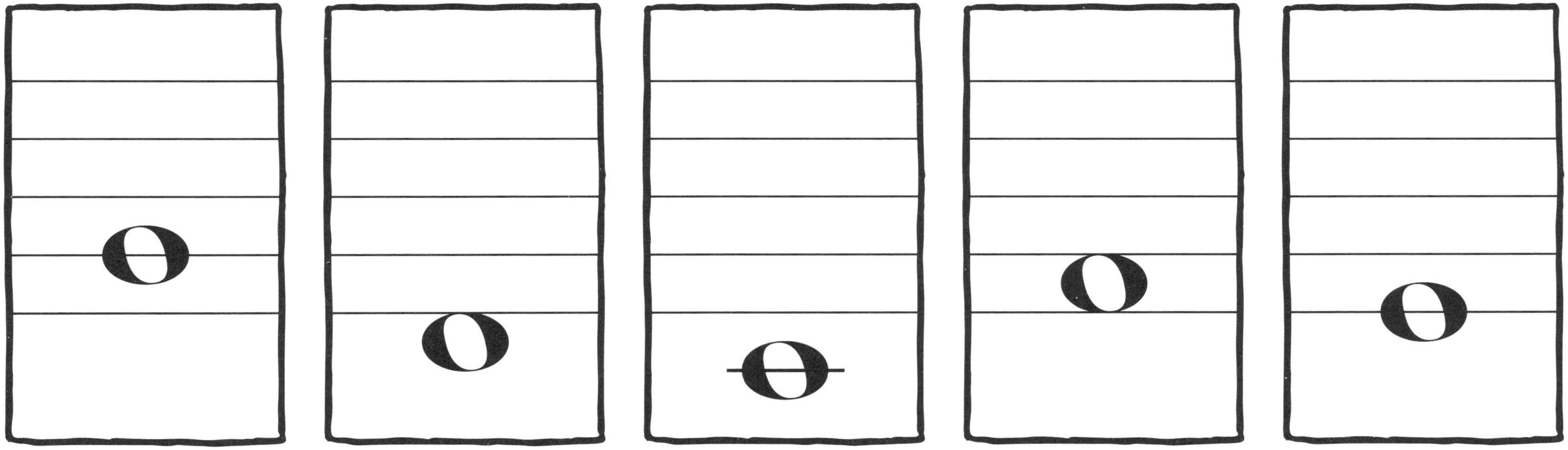

おんぷにいろをぬりましょう（ど—あか　れ—きいろ　み—みどり　ふぁ—おれんじ　そ—あお）

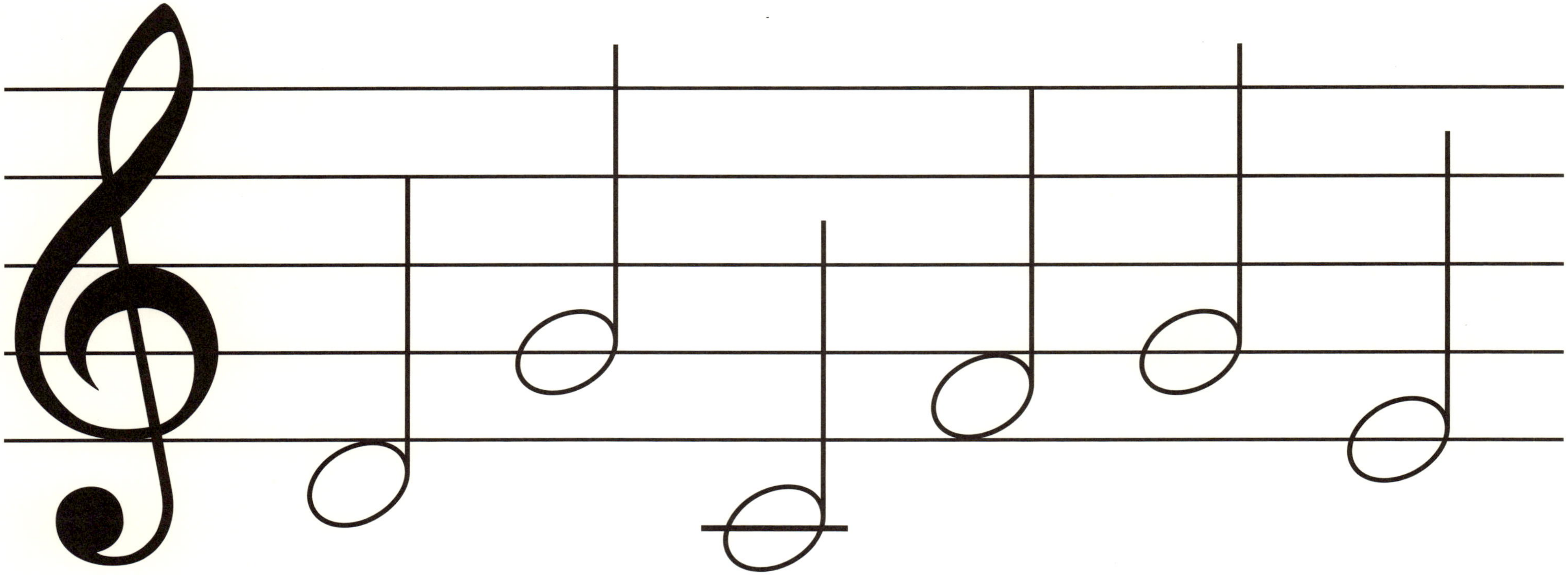

おんぷのソフトクリームをせんでむすびましょう

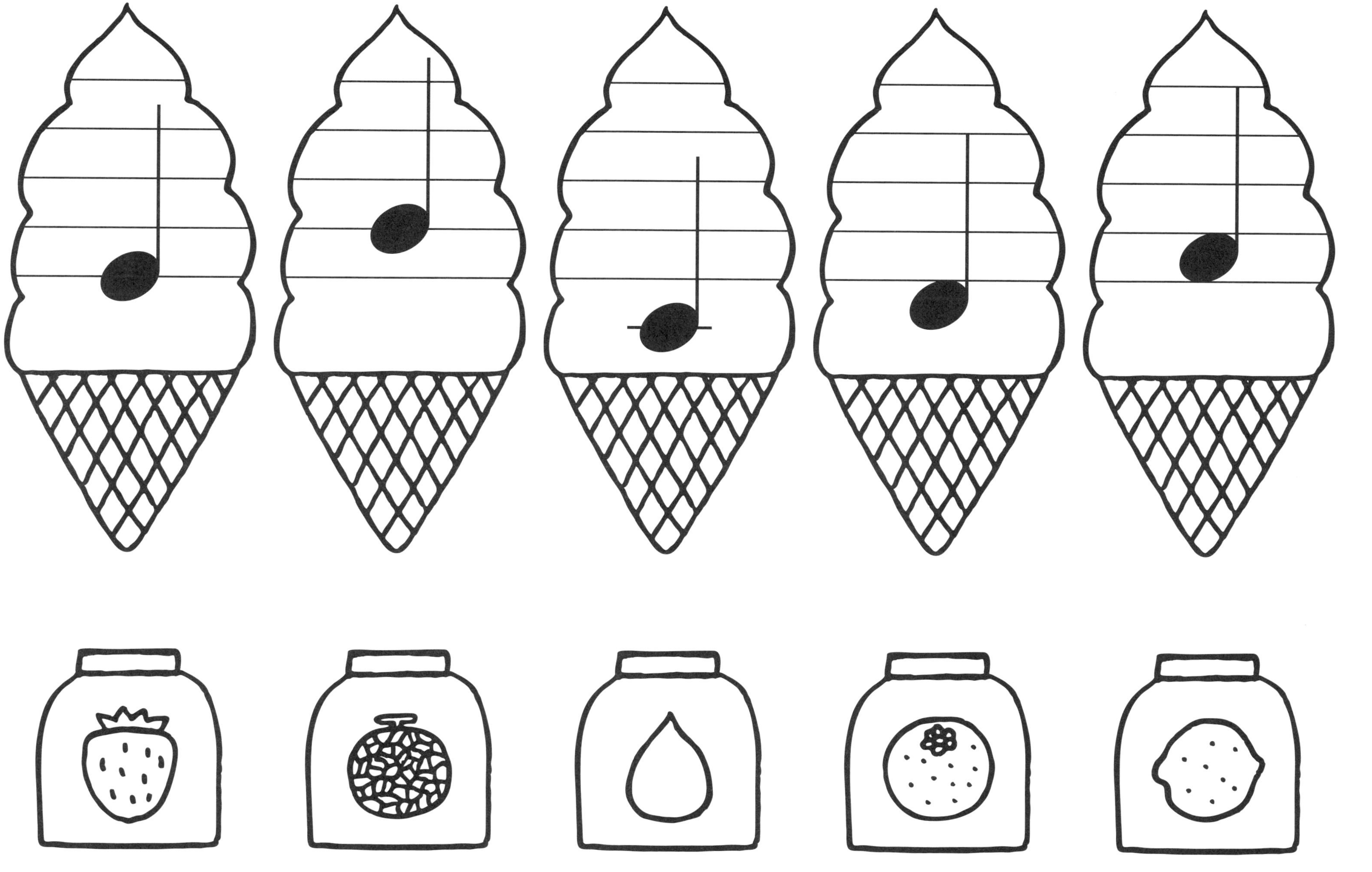

おんぷにいろをぬりましょう（ど—あか　れ—きいろ　み—みどり　ふぁ—おれんじ　そ—あお）

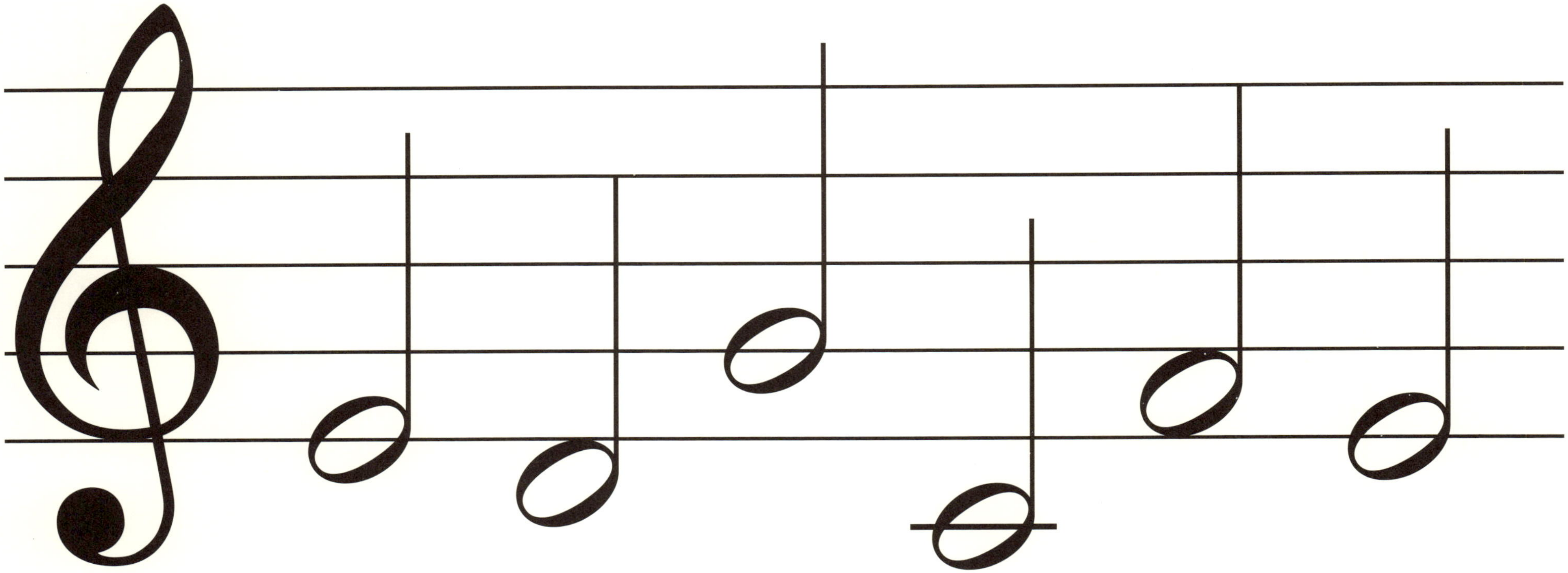

ジュースとコップをせんでむすびましょう

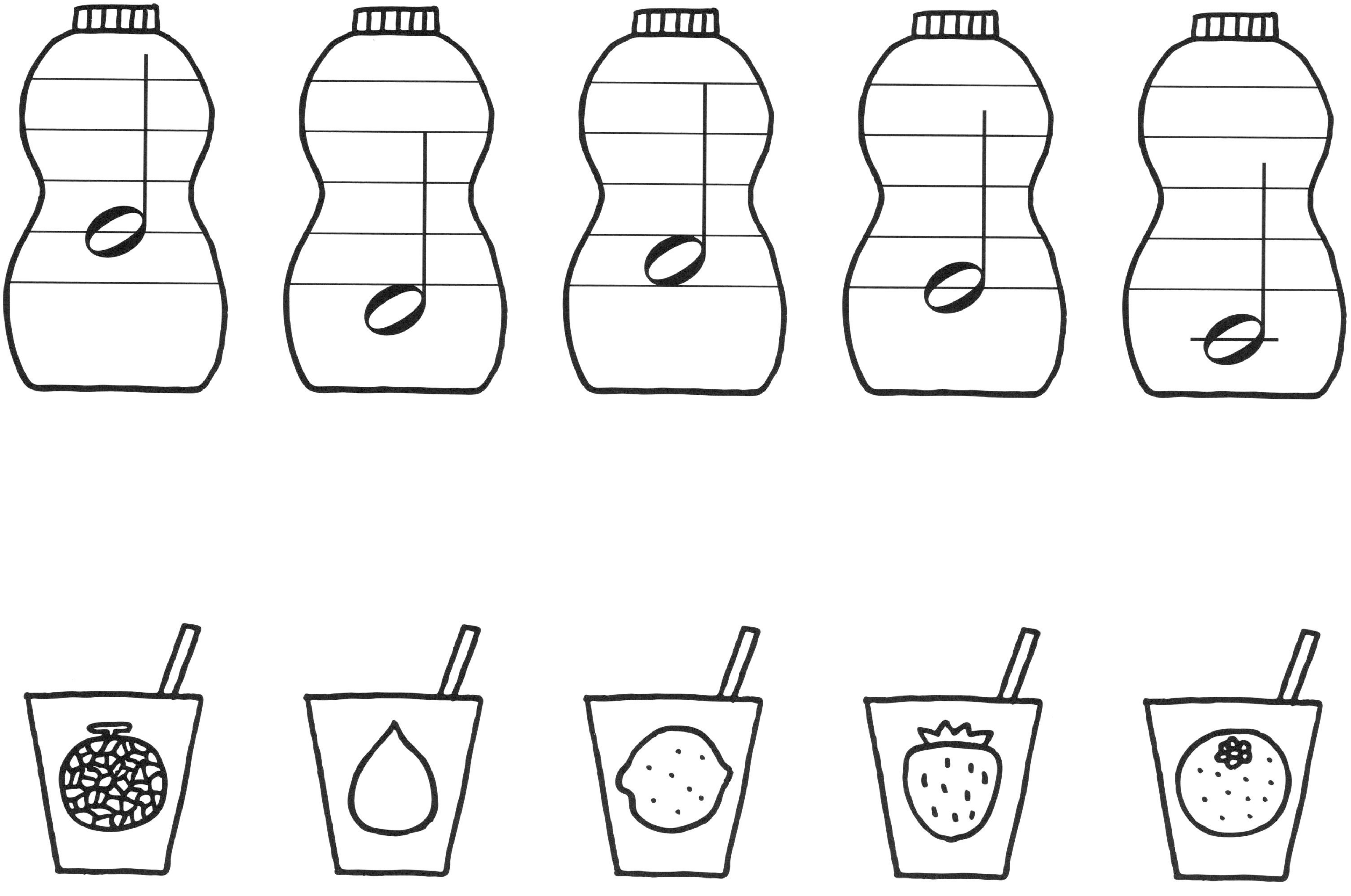

おんぷにいろをぬりましょう（ど―あか　れ―きいろ　み―みどり　ふぁ―おれんじ　そ―あお）

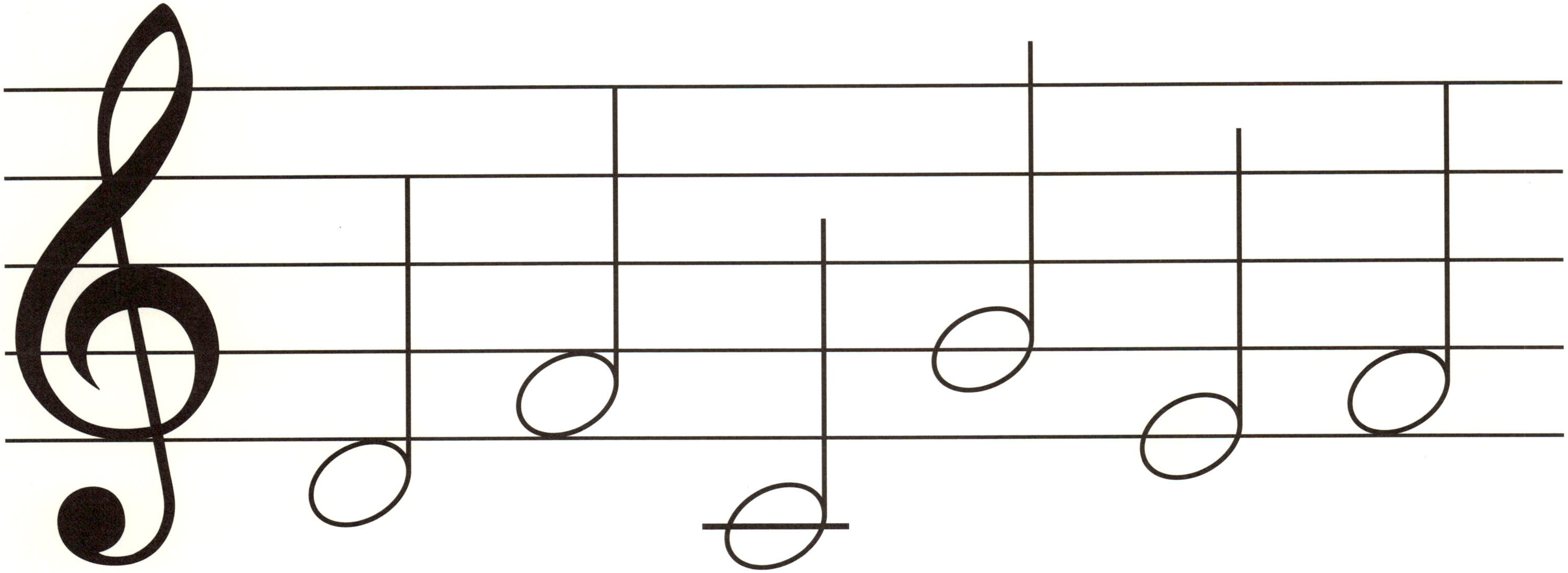

キャンディとバスケットをせんでむすびましょう

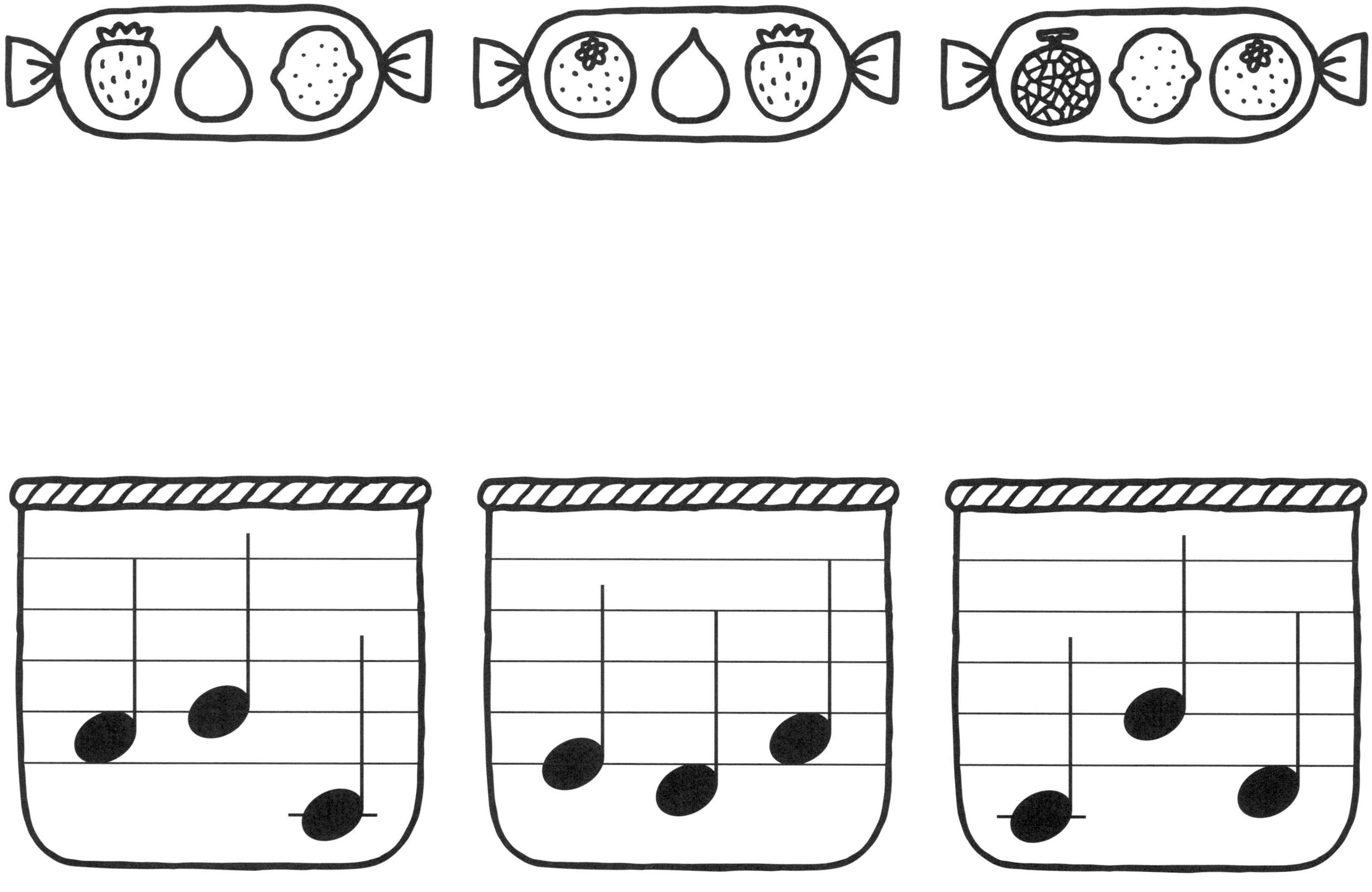

おんぷにいろをぬりましょう（ど—あか　れ—きいろ　み—みどり　ふぁ—おれんじ　そ—あお）

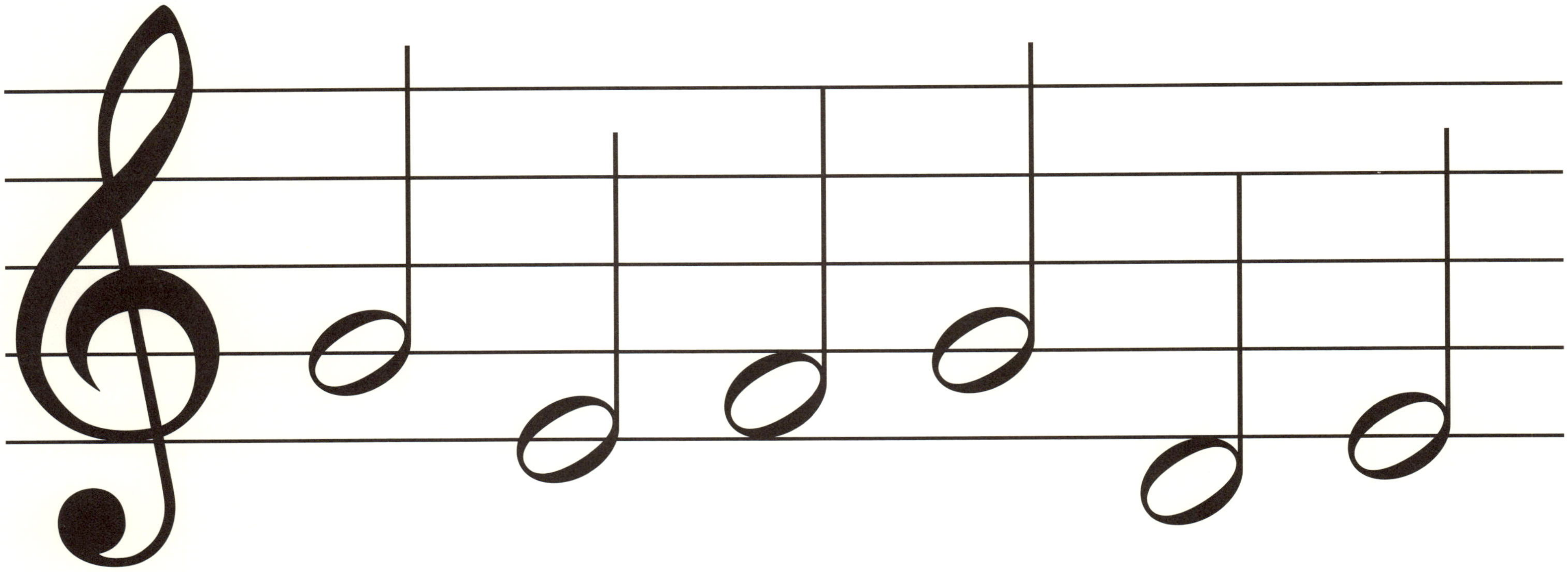

ふうせんとうさぎをせんでむすびましょう

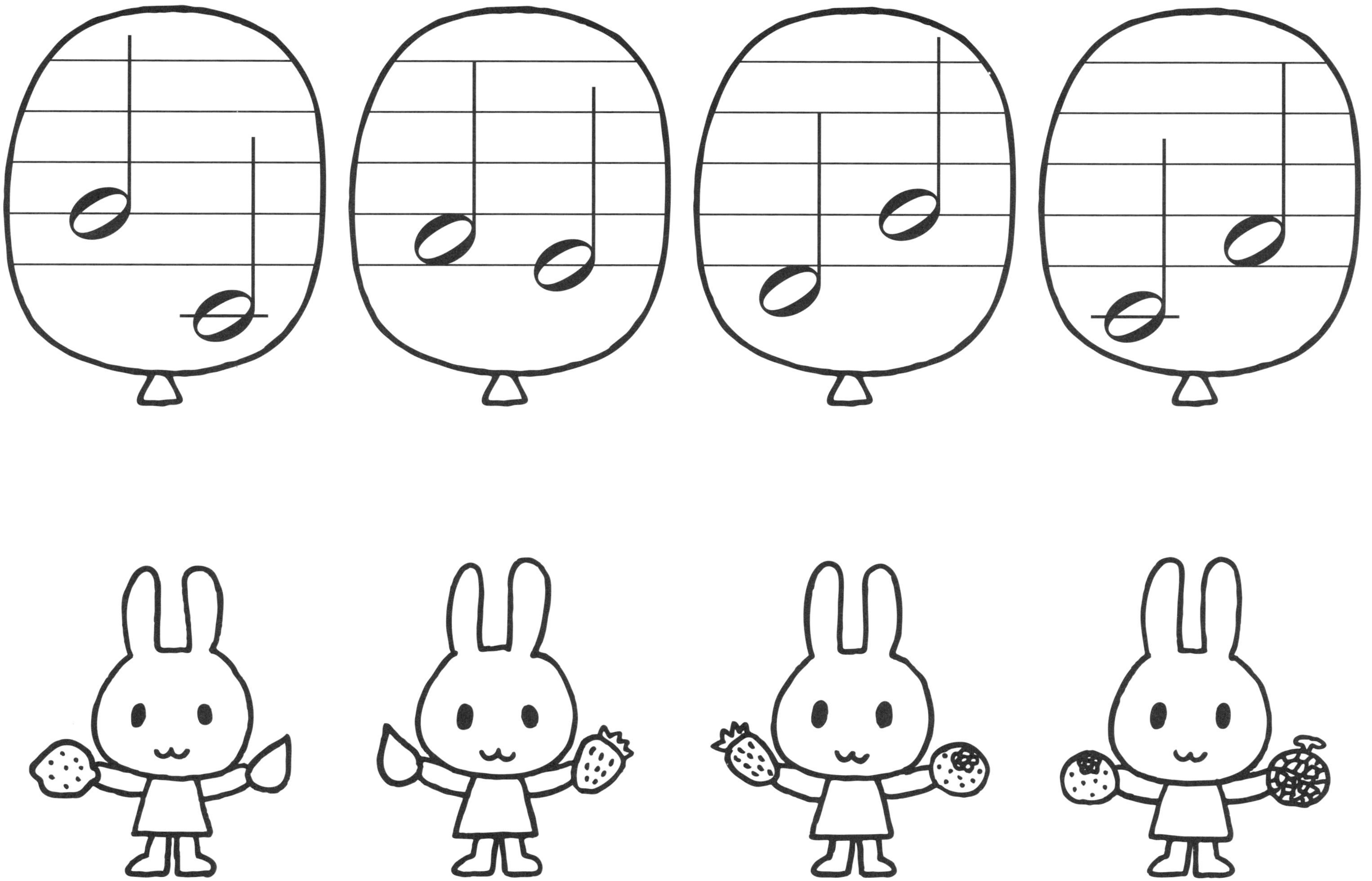

おんぷにいろをぬりましょう（ど―あか　れ―きいろ　み―みどり　ふぁ―おれんじ　そ―あお）

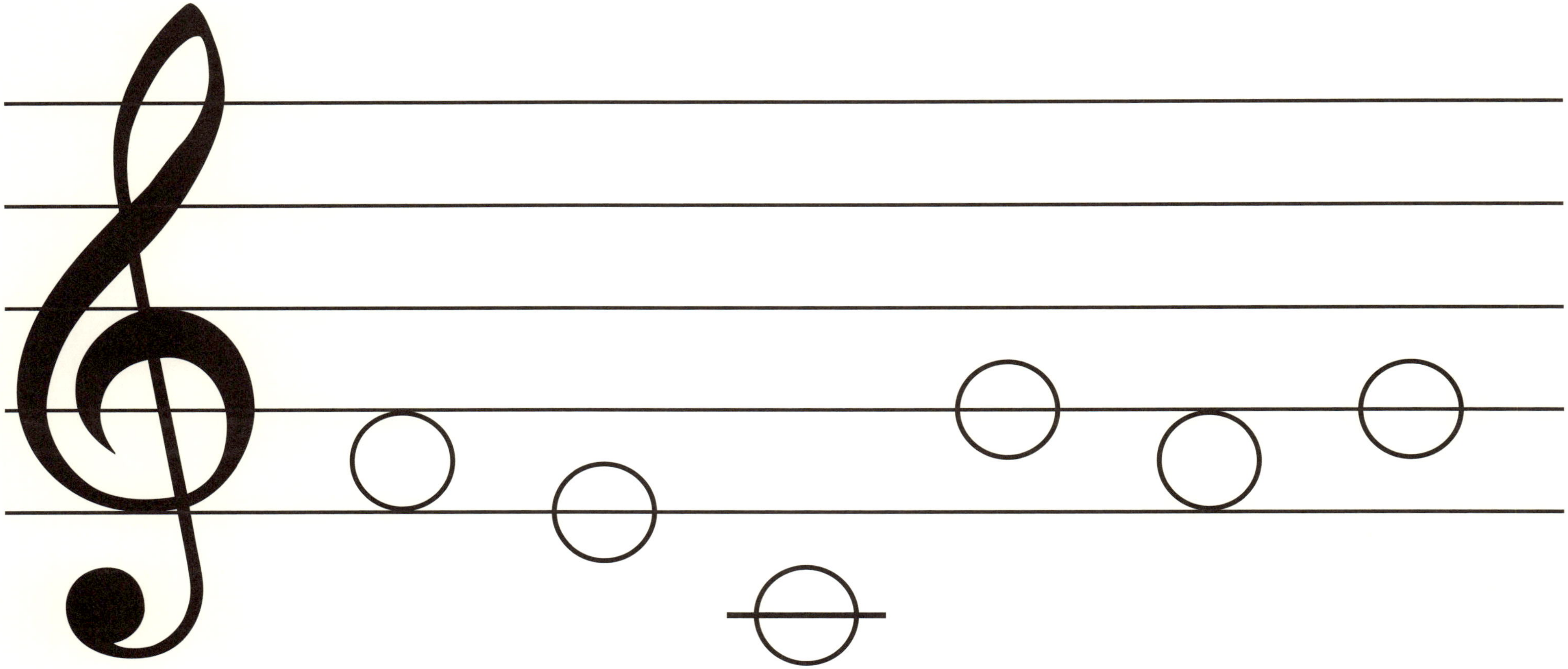

みちしるべのとおりにすすんでいきましょう

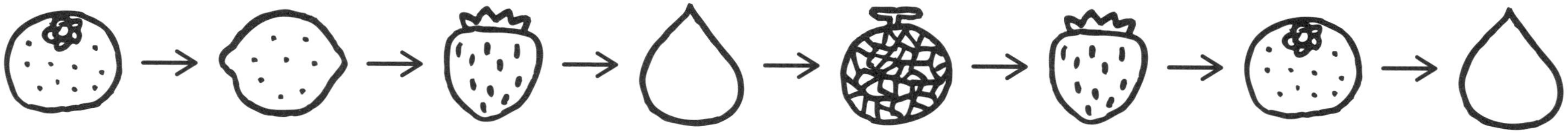

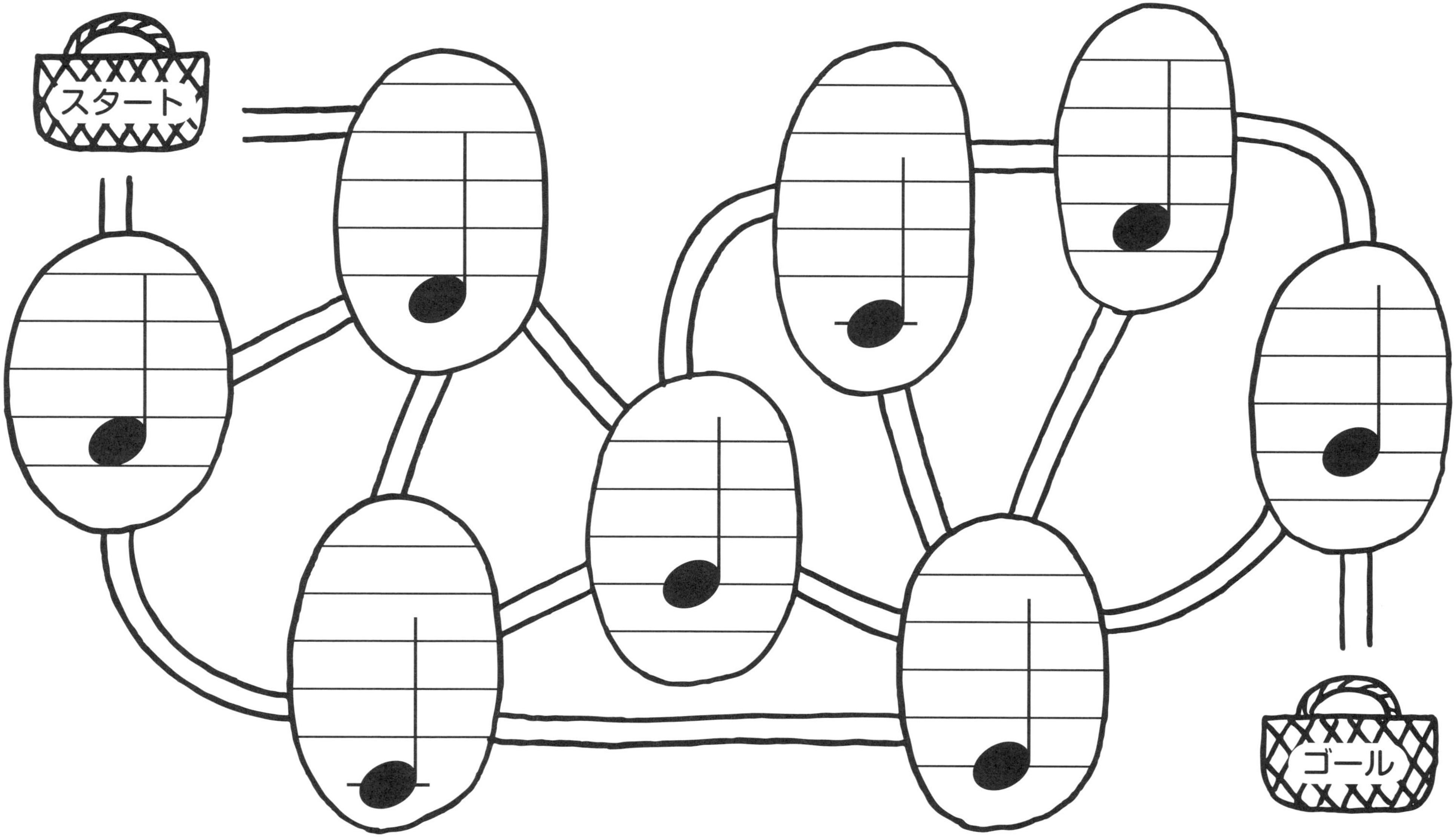

おんぷにいろをぬりましょう（ど—あか　れ—きいろ　み—みどり　ふぁ—おれんじ　そ—あお）

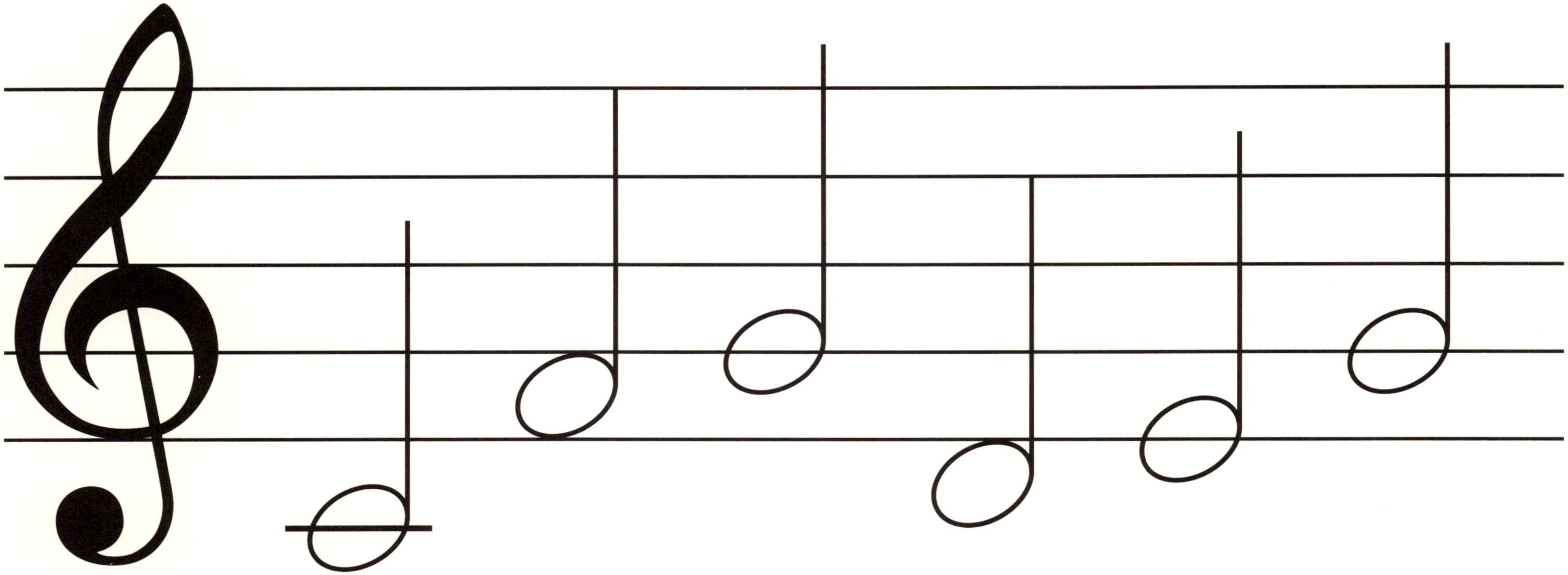

おさらとおだんごをせんでむすびましょう

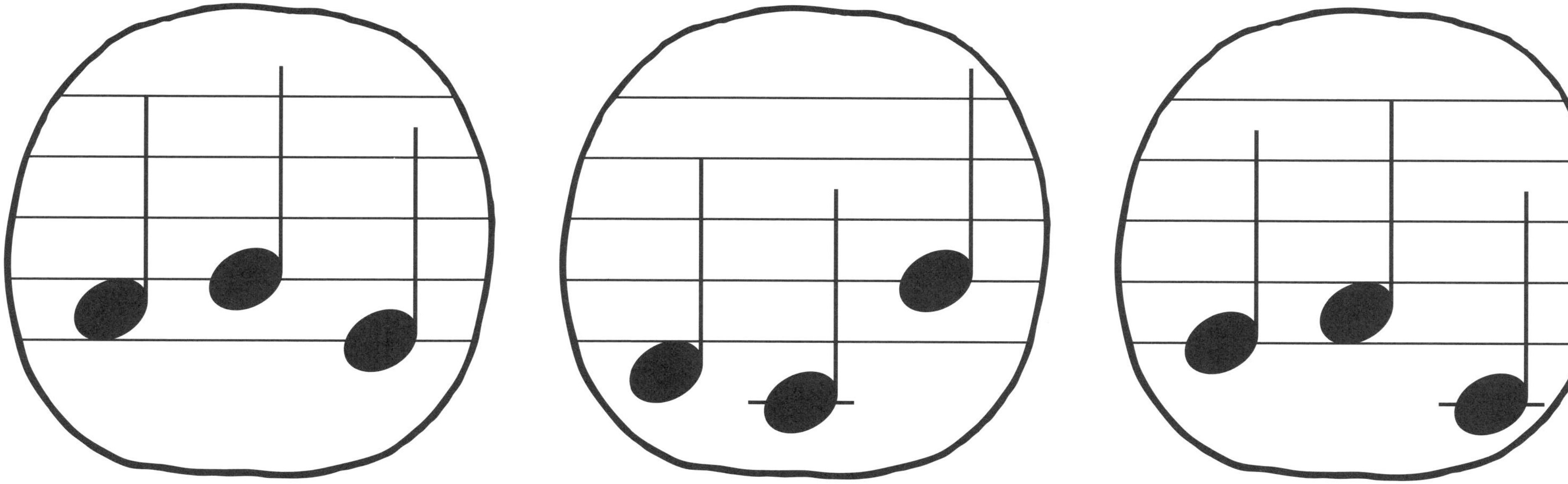

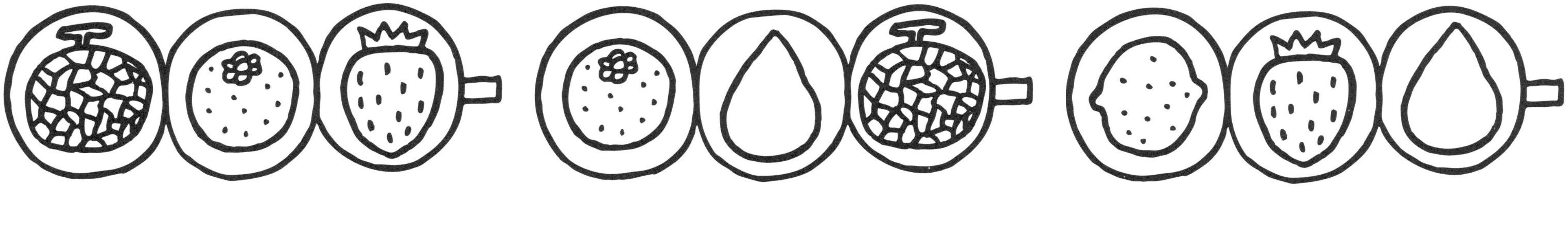

おんぷにいろをぬりましょう（ど—あか　れ—きいろ　み—みどり　ふぁ—おれんじ　そ—あお）

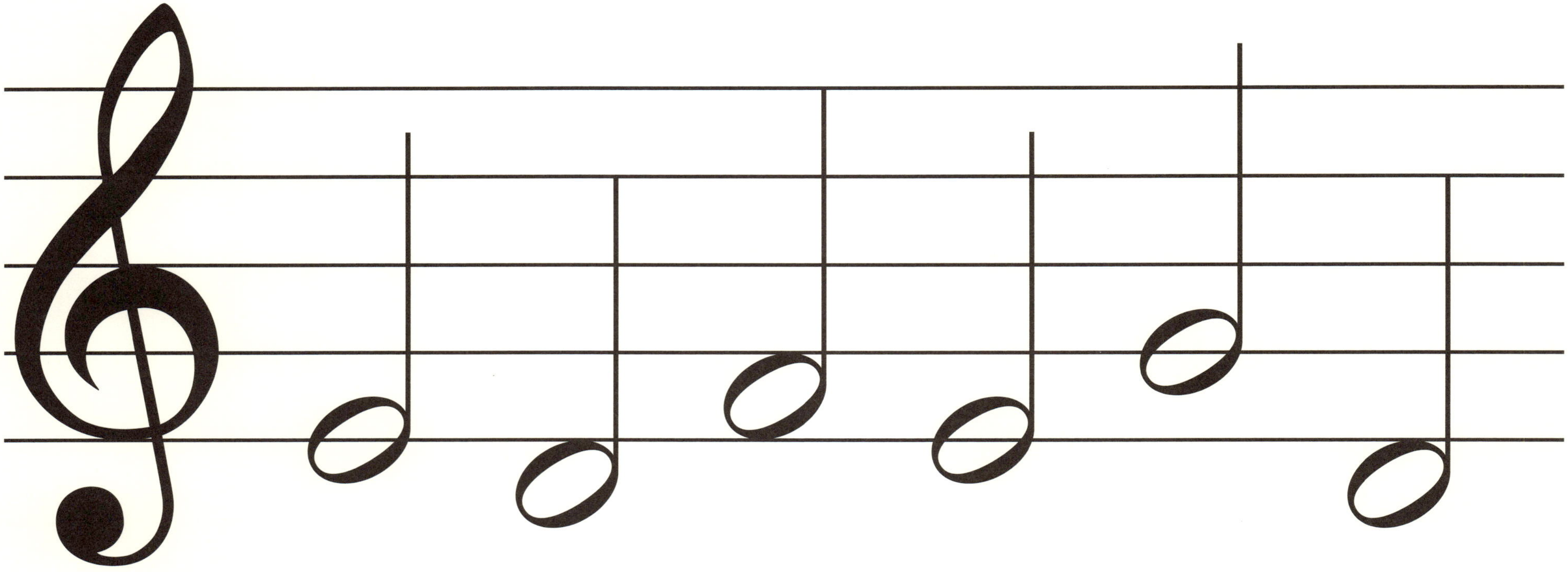

ことばのリズムをせんでむすびましょう（スープ　たまご　ぶどー）

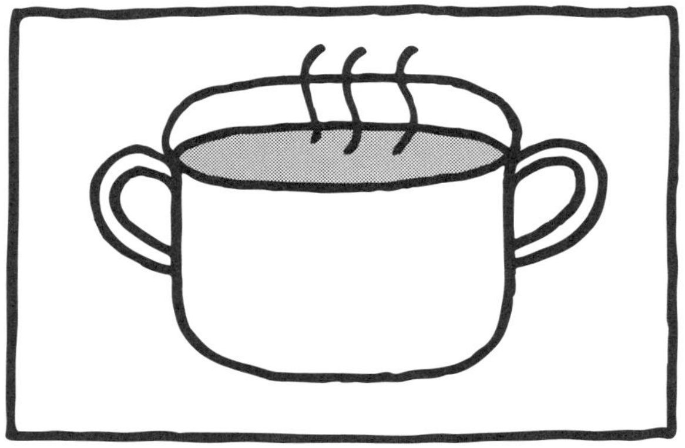
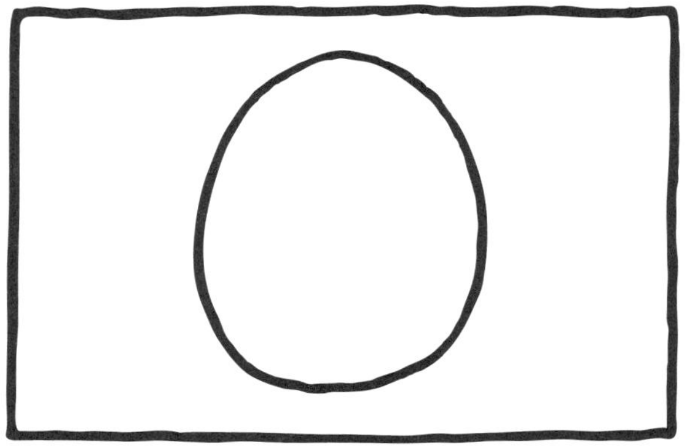
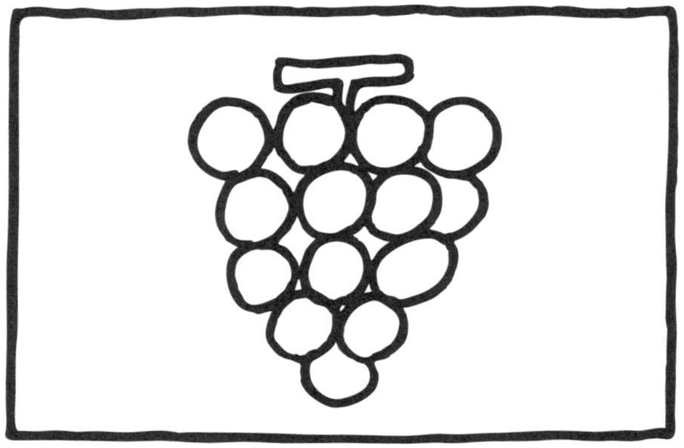

おんぷにいろをぬりましょう（ど—あか　れ—きいろ　み—みどり　ふぁ—おれんじ　そ—あお）

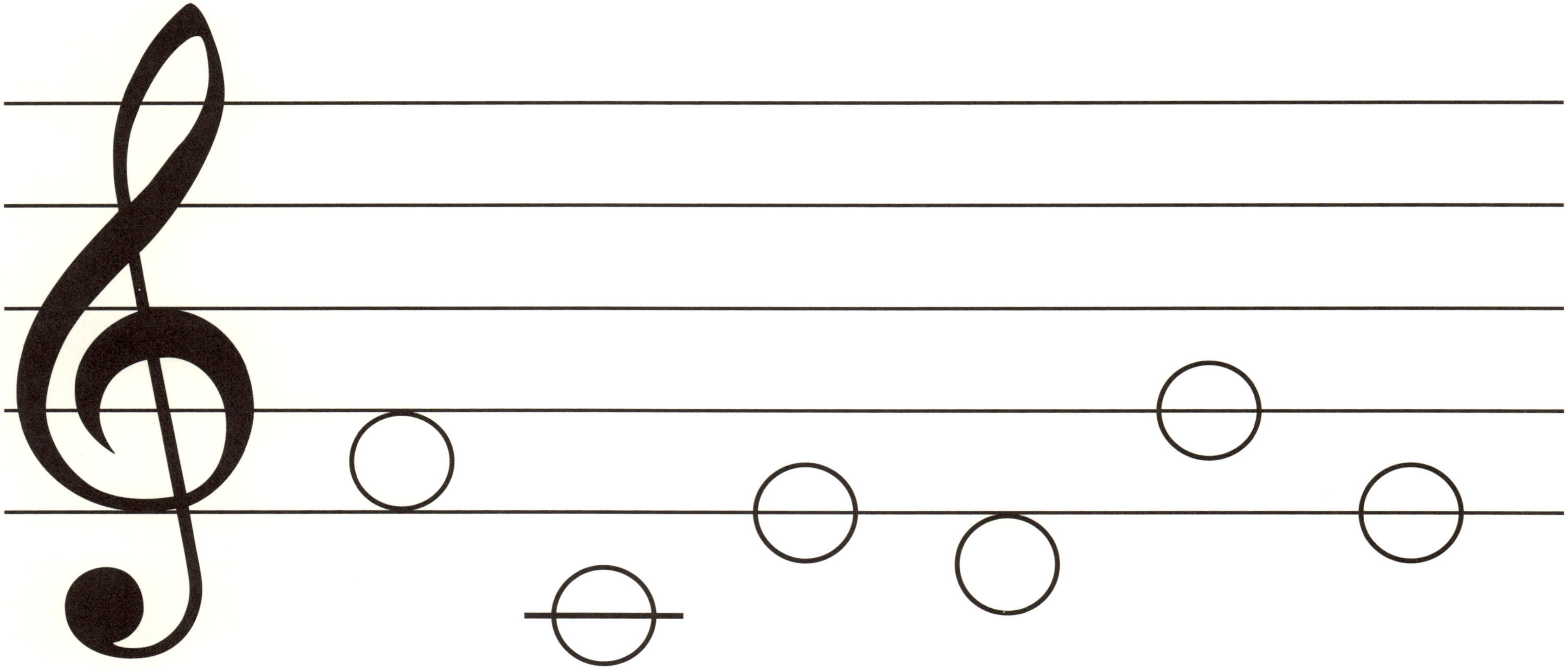

パンとジャムをせんでむすびましょう

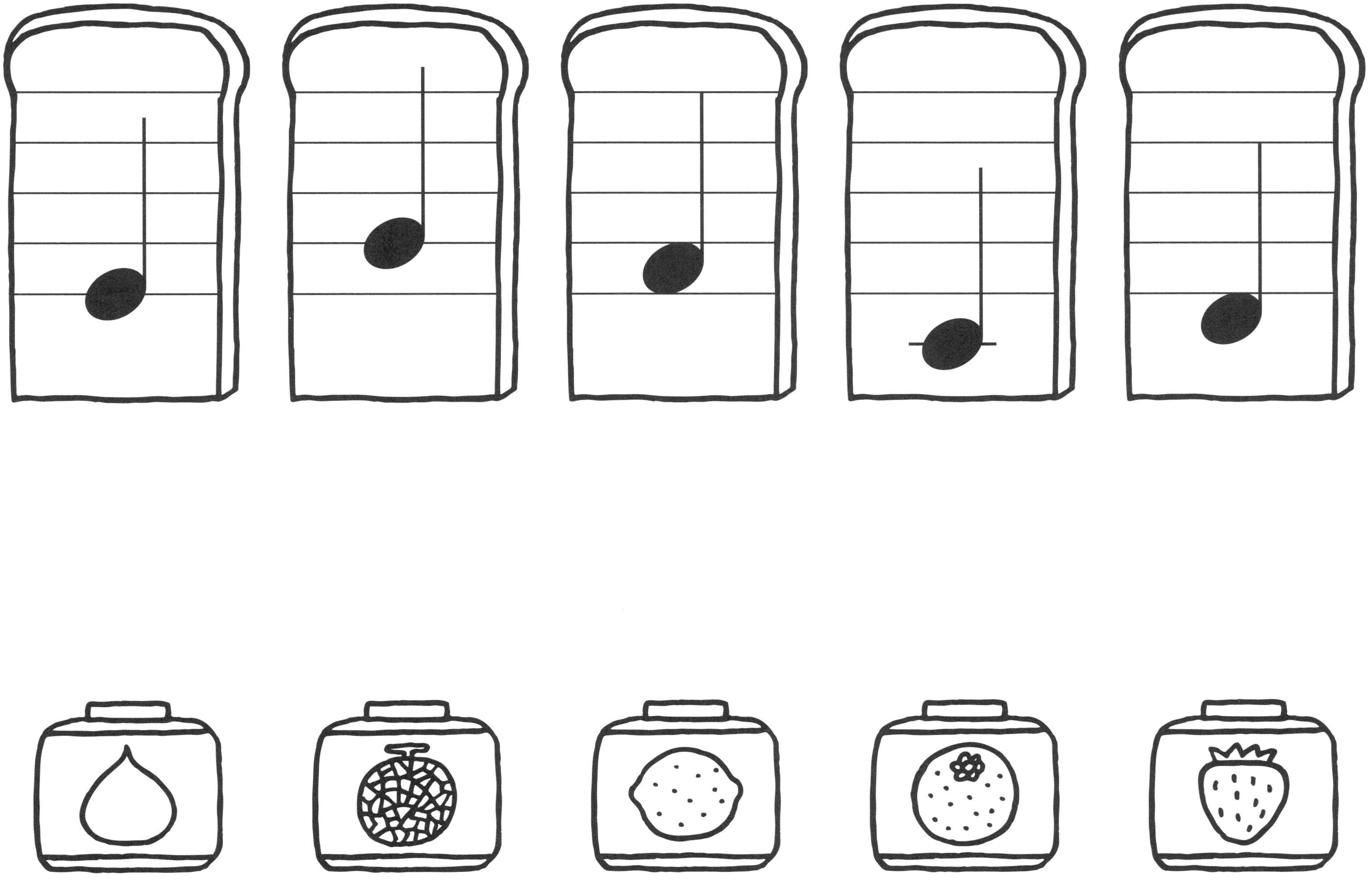

おんぷにいろをぬりましょう（ど―あか　れ―きいろ　み―みどり　ふぁ―おれんじ　そ―あお）

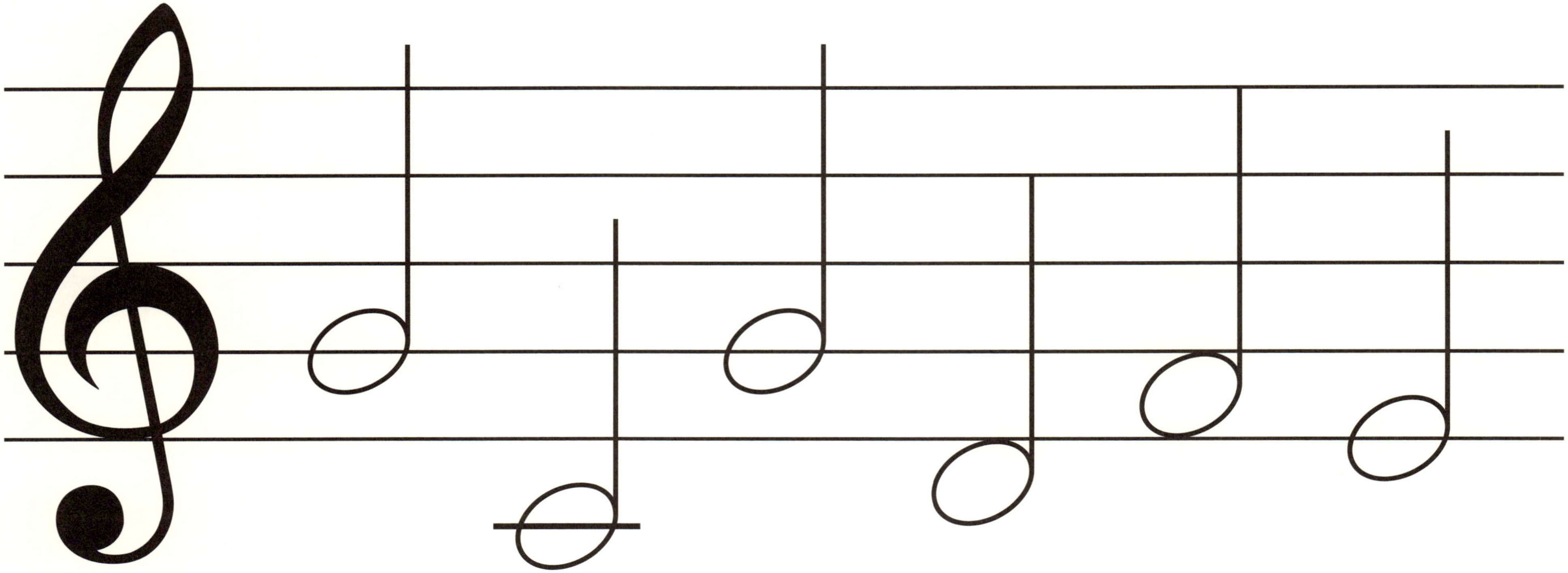

おんぷとさかなをせんでむすびましょう

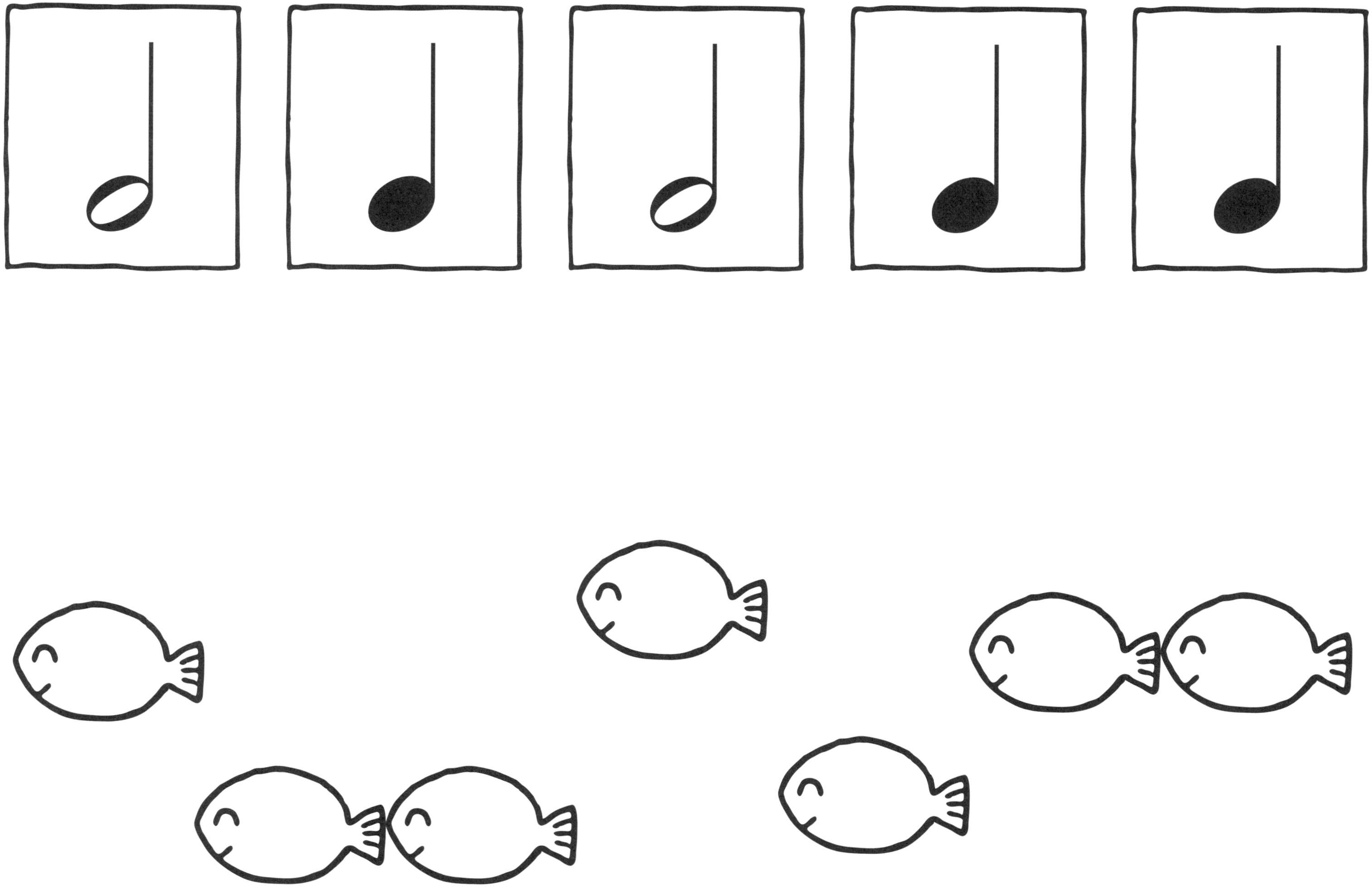

おんぷにいろをぬりましょう（ど―あか　れ―きいろ　み―みどり　ふぁ―おれんじ　そ―あお）

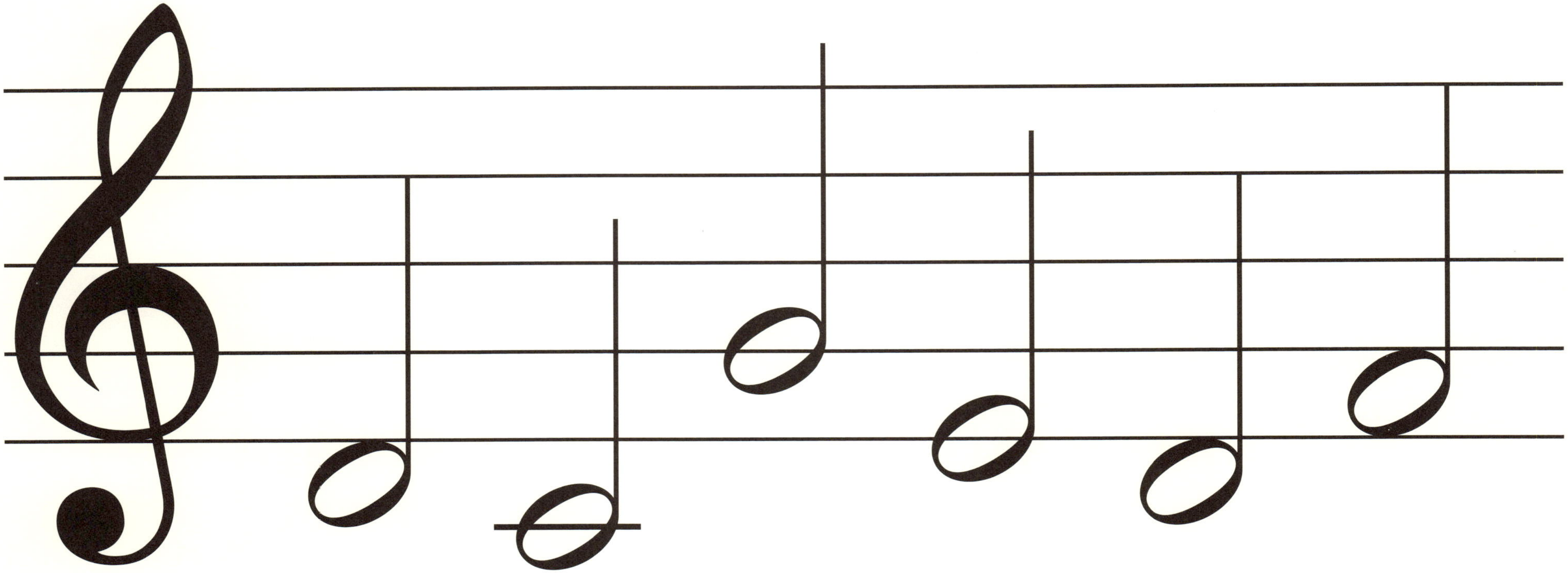

ボーリングのボールとピンをせんでむすびましょう

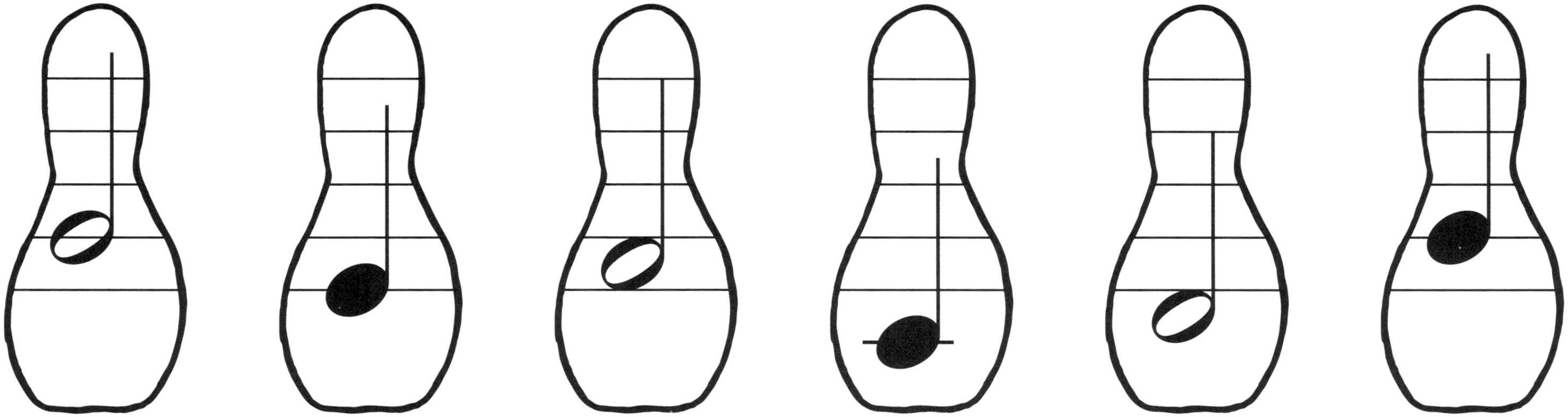

おんぷにいろをぬりましょう（ど―あか　れ―きいろ　み―みどり　ふぁ―おれんじ　そ―あお）

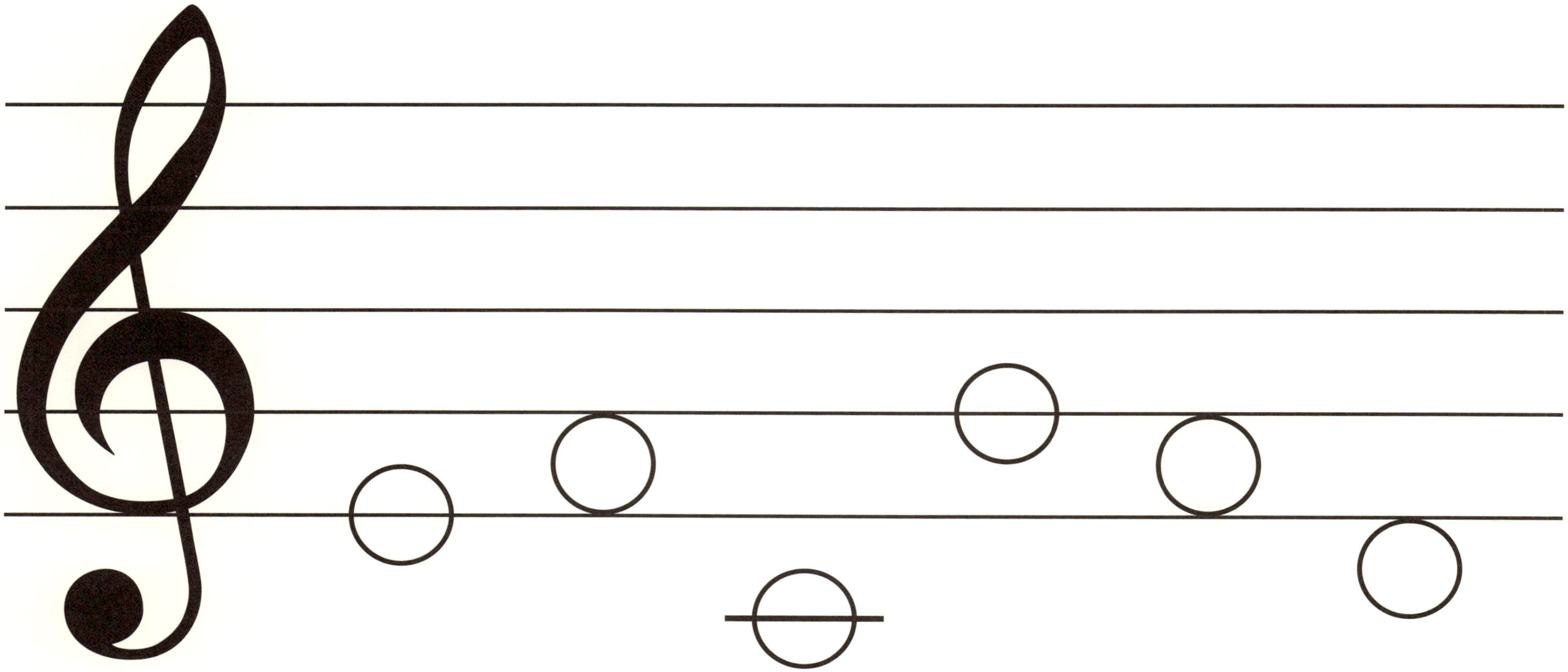

くるまといえをせんでむすびましょう

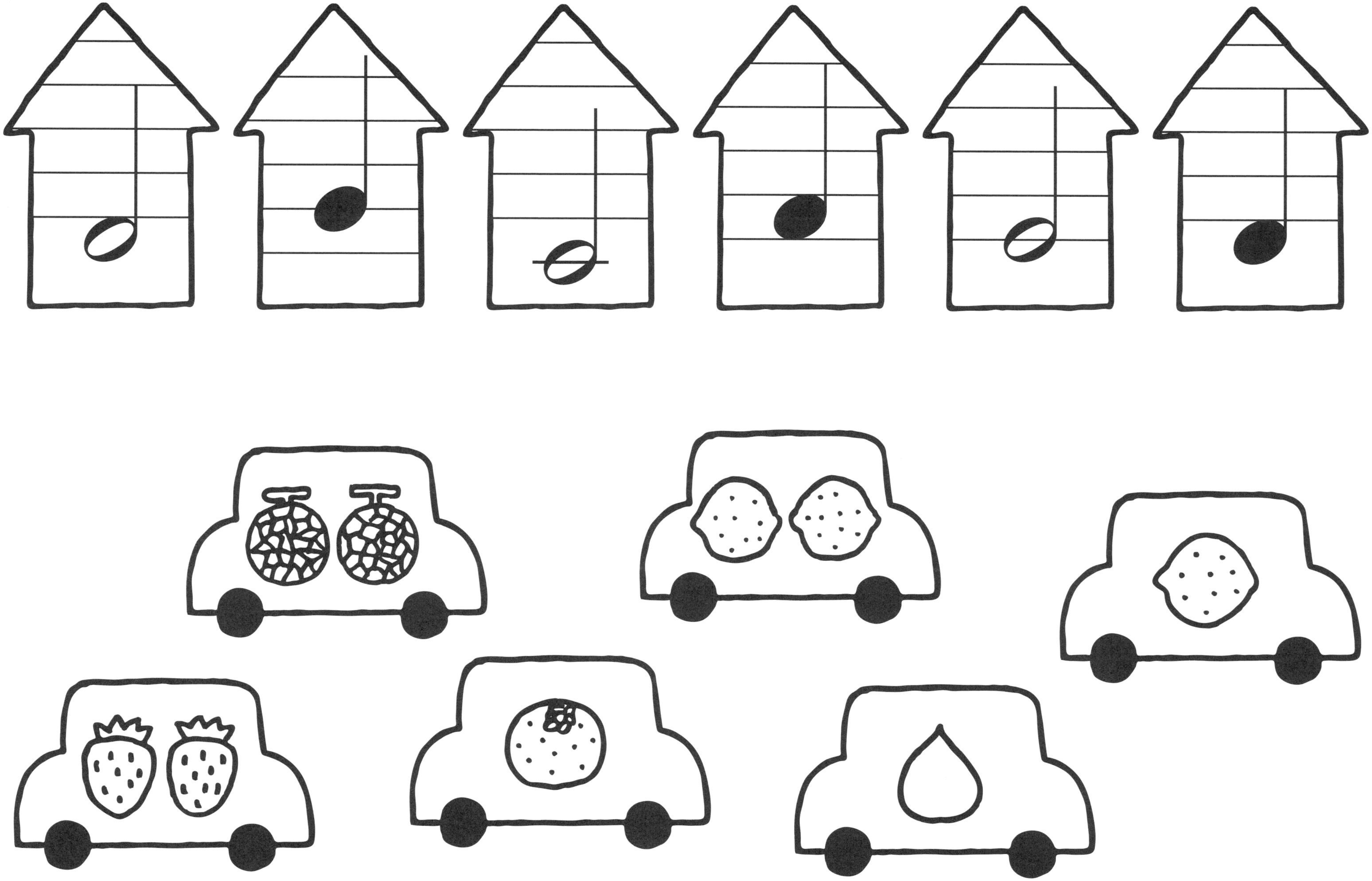

おんぷにいろをぬりましょう（ど—あか れ—きいろ み—みどり ふぁ—おれんじ そ—あお）

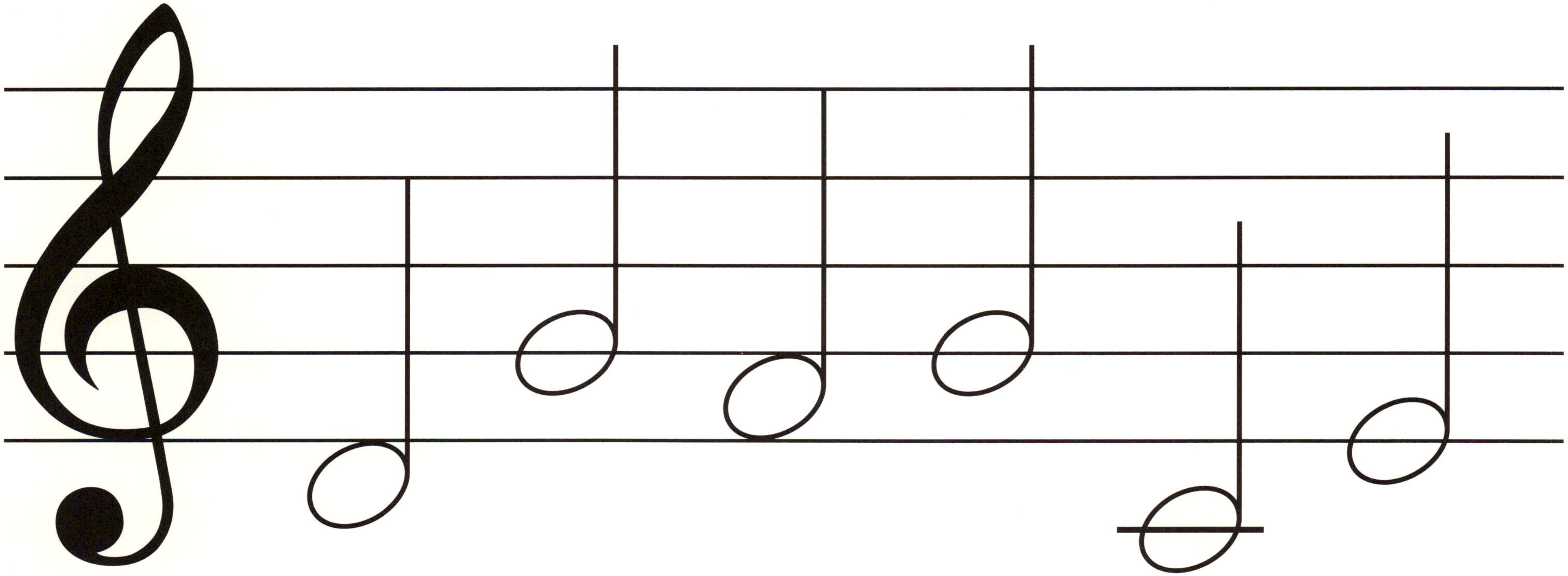

さいふとおかねをせんでむすびましょう

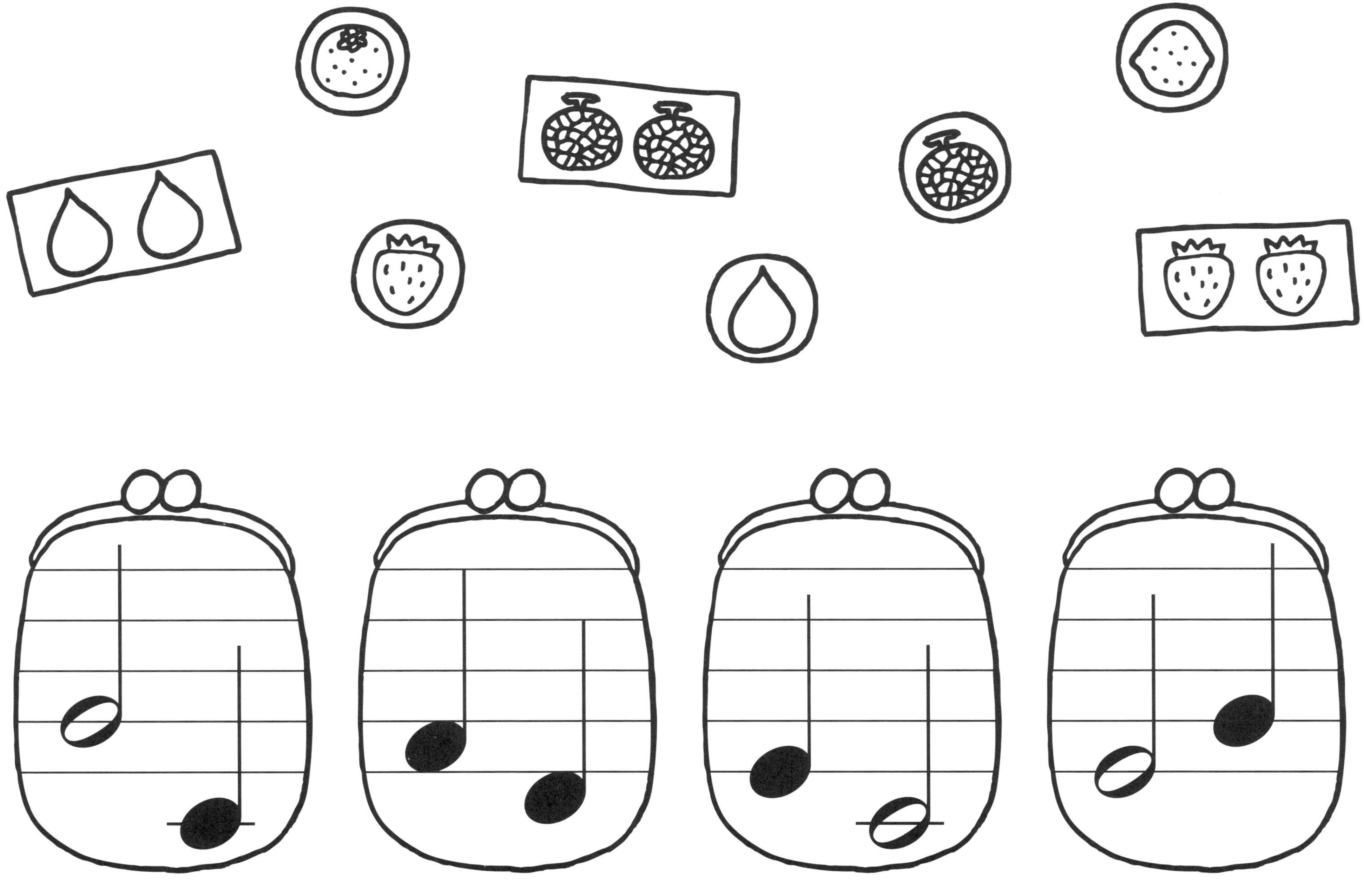

おんぷにいろをぬりましょう（ど—あか　れ—きいろ　み—みどり　ふぁ—おれんじ　そ—あお）

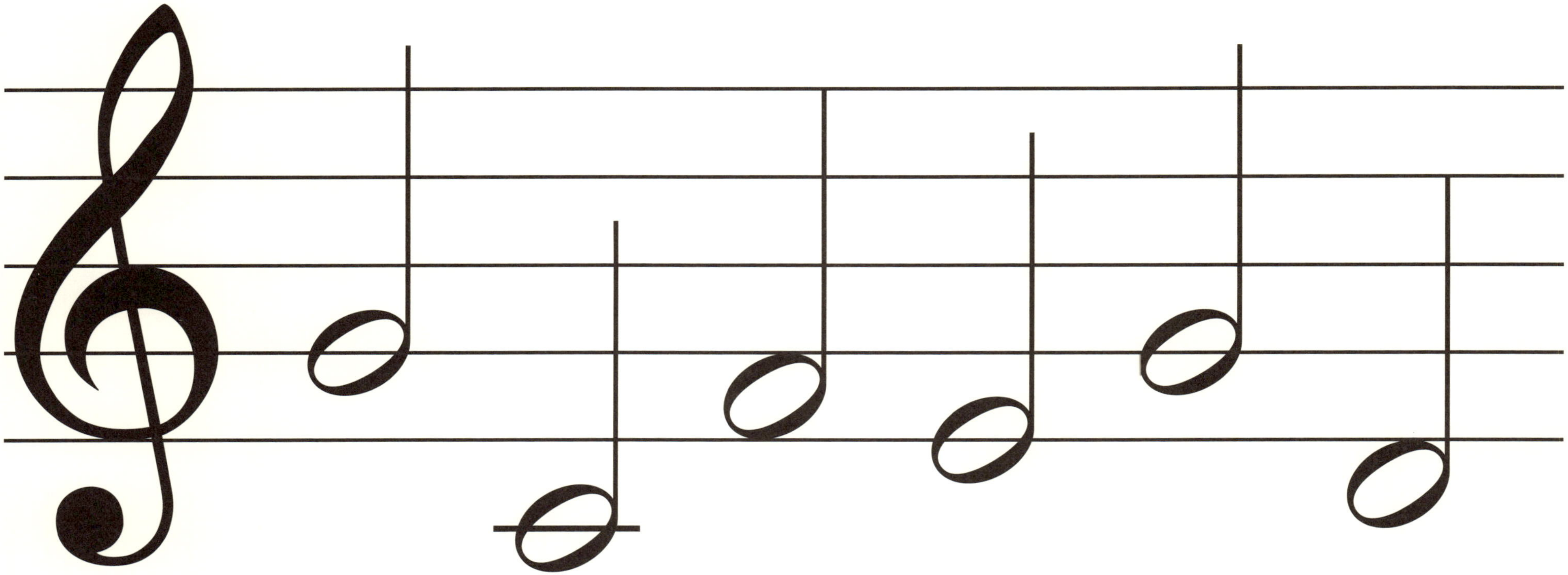

はちみつとくまをせんでむすびましょう

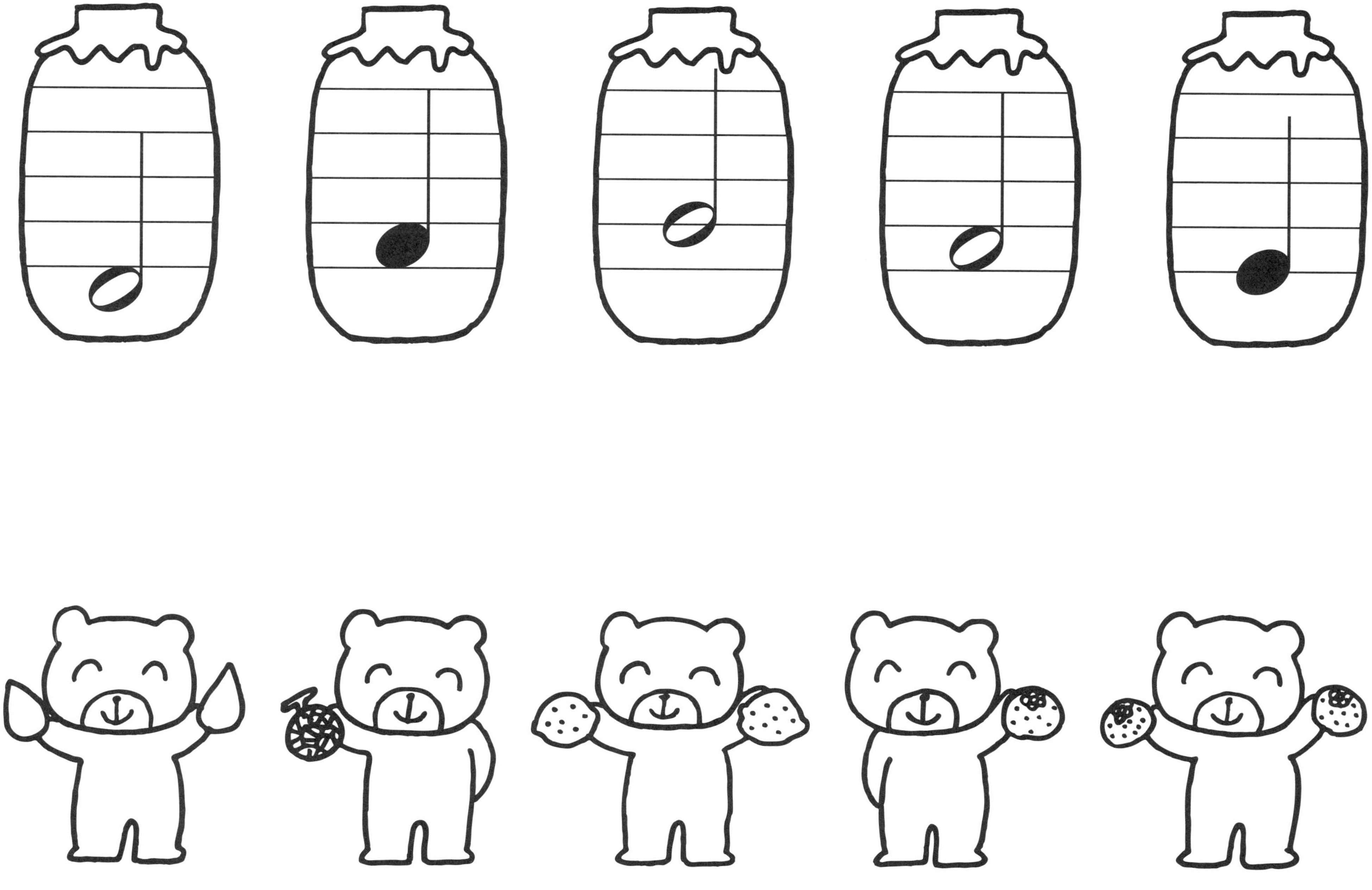

～初めてのレッスンのために～ ピアノが好きになる楽しい導入教材のご案内 （年齢別）

2・3才～

ちびっこピアノ①～③
（たのしい色音符）
小さい子にわかりやすいよう色音符を使ったテキスト。左ページがリズムで右ページが色音符の楽譜です。

ちびっこワーク・ブック①～③
（おんぷはともだち）
とても大きな音符で、迷路や線結びなど音符を使った楽しいゲームがあります。左ページが音符の色ぬり、右ページがゲームです。

3・4才～

ゴーゴーピアノ①～③
（おんぷカードつき）
左ページがリズム、右ページが音符になっており、楽しい歌つきで、小さい子でも音符を覚えて自分で弾くことができます。

おんぷのおえかきワーク・ブック①～③
（えかきうたつき）
左ページが絵かき歌、右ページが音符の色ぬりになっていて、子供たちがどんどんやりたくなるワークブックです。

4・5才～

ぴよぴよピアノ①～③
（ぴよぴよゲームつき）
右手と左手を別々に練習していく指のトレーニングのテキスト。色音符から入り、普通の音符へと導きます。

おんぷだいすき！
ぴよぴよワーク・ブック①～③
字の読めない小さい子でも使える楽しいワークブック。音符の色ぬりや風船の線結びで音符が大好きになります。

5・6才～

うたとリズムとピアノ
メロディー・ピクニック①～③
子供たちが知っている童謡を題材にしたピアノの導入教材。右手を歌に合わせてひきます。CDつきとCDなしがあります。

ひいてたのしいゲームつきワークブック
おんぷワンダーランド①～⑤
右手のドレミファソを音符を書いたり、色をぬったりしながら覚えます。いろいろなゲームもピアノの実力を高めます。

遠藤蓉子ホームページ　http://yoppii.g.dgdg.jp/
【YouTube】よっぴーのお部屋　レッスンの扉　（レッスンのヒントを動画で紹介）

ちびっこワーク・ブック ③
（おんぷはともだち）

著　者　遠藤蓉子
ＤＴＰ　アトリエ・ベアール
発行者　鈴木祥子
発行所　株式会社サーベル社　〒130-0025　東京都墨田区千歳２－９－13
定　価　［本体 950 円＋税］　TEL 03-3846-1051　FAX 03-3846-1391
発行日　2025 年 4 月 25 日　http://www.saber-inc.co.jp/

ISBN978-4-88371-802-3 C0073 ¥0950E